フライブルク大聖堂にあるエディット・シュタインのステンドグラス

エディット・シュタインの家族（1894年）
（エディットは前列，右から二人目）

エディット（右）と姉のエルナ（1898年）

ゲッティンゲンの学生時代（1913年）

フライブルク時代のシュタイン（1916年）

ミュンスター講師時代

シュパイアー時代（1926年）

シュパイアーを去る時の記念写真（1932年）

ケルン，カルメル会での初誓願（1934年）

ケルン，カルメル会時代（1937年）

オランダのカルメル会に移る時の記念写真（1938年）

オランダ，エヒトのカルメル会で，姉とローザ（1940年）

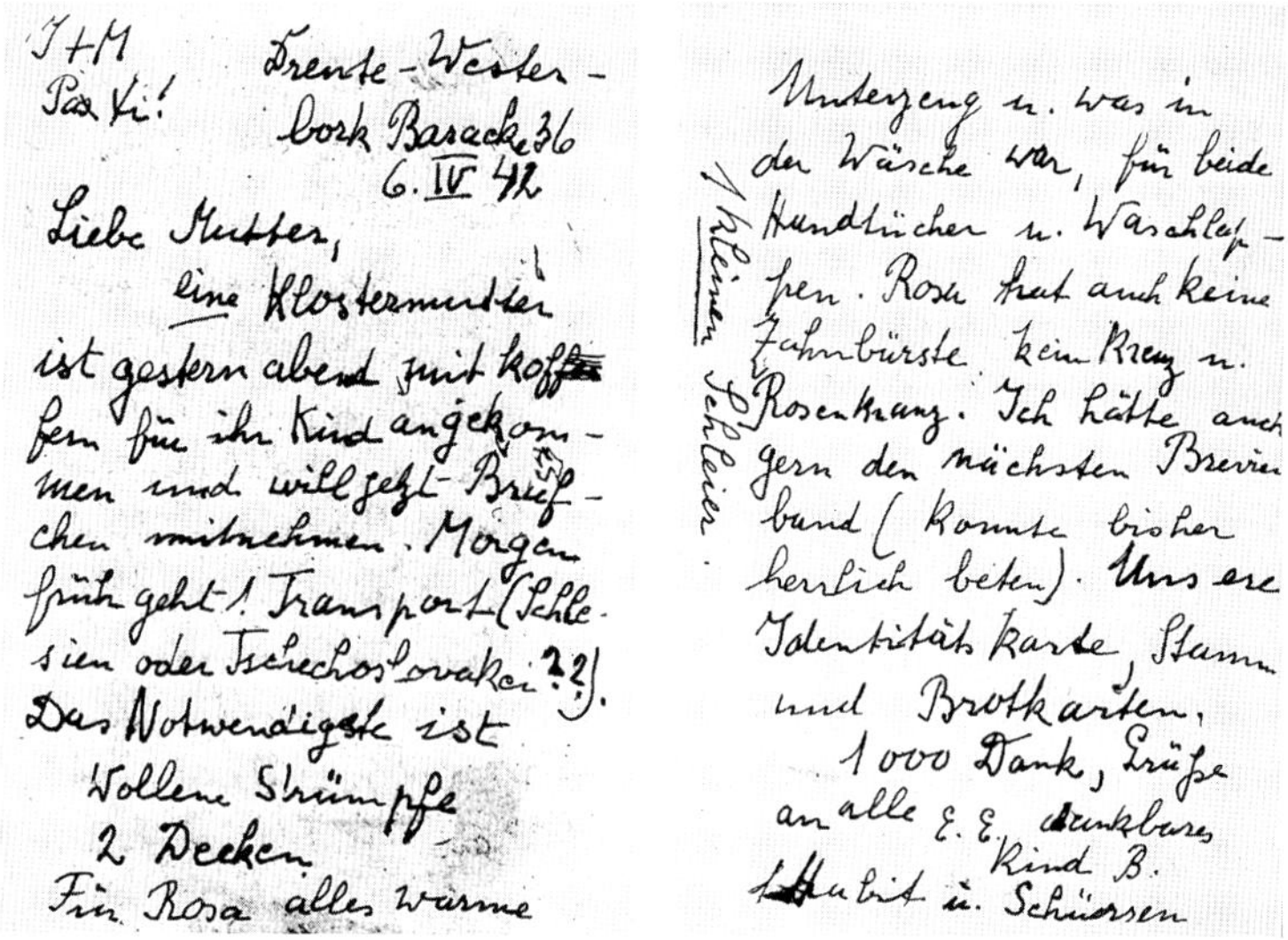
J+M
Pax Xi!

Drente-Wester-
bork Baracke 36
6. IV 42

Liebe Mutter,
eine Klostermutter ist gestern abend mit Koffern für ihr Kind angekommen und will jetzt Briefchen mitnehmen. Morgen früh geht 1 Transport (Schlesien oder Tschechoslowakei ??).
Das Notwendigste ist
Wollene Strümpfe
2 Decken.
Für Rosa alles warme Unterzeug u. was in der Wäsche war, für beide Handtücher u. Waschlappen. Rosa hat auch keine Zahnbürste kein Kreuz u. Rosenkranz. Ich hätte auch gern den nächsten Brevierband (konnte bisher herrlich beten). Unsere Identitätskarte, Stamm- und Brotkarten.
1000 Dank, Grüße an alle E. E. dankbares Kind B.
Habit u. Schürzen
1 kleinen Schleier.

アウシュヴィッツに輸送される前日に書かれた手紙

フライブルク大聖堂

アウシュヴィッツ，ビルケナウ収容所

エディット・シュタインの道程

エディット・シュタインの道程

—— 真理への献身 ——

須沢 かおり 著

知泉書館

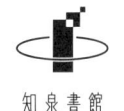

凡　例

一、本文中の引用文における省略、傍点などは、すべて引用者による。
一、引用文はすべて著者の試訳であるが、邦訳がある場合はその訳文を参考にし、文脈に応じて適宜改訳した。
一、本書で掲載するエディット・シュタインの写真などについては、ケルン、カルメル会エディット・シュタイン資料室から掲載許可をいただいた。

まえがき

エディット・シュタインの生涯とその思想は、二十世紀前半の激動のヨーロッパの、暗く、波瀾にみちた時代の底から、清冽な光を放っている。

シュタインは、ユダヤ人の家庭に生まれ育ち、現象学の創始者であるフッサールのもとで哲学探究の道を歩み、ドイツ哲学界で優れた業績を発表した。三十歳の時にカトリックの洗礼を受けた後、教員生活を送るが、ナチスのユダヤ人迫害のため職を奪われ、四十二歳でカトリックの観想修道会であるカルメル会に入会した。修道生活に入ってからも多く著作を残したが、一九四二年、アウシュヴィッツ、ビルケナウ収容所のガス室でその五一年の生涯を閉じた。

シュタインの生涯は、五十年十か月と短いものであったが、その生涯の短さが信じられないほど、豊かな深まりを見せた道程であった。シュタインの著作は、哲学的なものはもとより、キリスト教霊性、社会思想、人間学、女性論、教育学、神秘思想と多岐に及び、ドイツ・ヘルダー社から十年余にわたって公刊されてきた『エディット・シュタイン全集』全二七巻が二〇一四年に完結した。その全集を一望する者は、シュタインが人並みはずれた集中力と明晰な思考をもって、その時に求められるテーマに渾身の力をふりしぼって挑んだことの証を見ることができる。シュタインの思想はそのスケールの大きさと重量感において圧倒するものがある。

シュタインの生涯とその思想をいかに理解し、語るかについては、彼女の死後さまざまな試みがなされてきた。彼女のアウシュヴィッツでの死が明らかになると、時代の犠牲者としてのシュタインの悲劇性が前面に出された。彼女の死にその生涯の結実を見ようとする傾向は、カトリック教会において顕著であり、一九九八年にシュタインは殉教者としてカトリック教会の聖人の列に加えられた。その一方で哲学者、思想家としてのシュタインの力量を再評価しようとする試みは依然として活発で、ドイツを中心とするヨーロッパではシュタインの哲学的テーマに関する博士論文や研究書が数多く出されている。また、シュタインの晩年の宗教的な深まりからシュタインの宗教哲学、霊性を理解しようとする試みも多くなされている。さらに最近ではシュタインの周辺的な著作群——女性論、教育論、社会思想に関する専門的な研究も見られる。

このような多面的なエディット・シュタインの生涯とその思想を、その基底と一貫する内的動機に遡り、全体像を捉えることが本書の主眼である。従来のシュタイン研究においては、シュタインが現象学からスコラ学へ、あるいは無神論から信仰へと転向したその分かれ目に注目し、彼女の思想的転向のプロセス、転換点を明らかにしようとする研究が主流であった。このような研究は、彼女の宗教的回心を転換点として、その前後の「二つのシュタイン」を切り離して理解しようとするものである。二つの切り離されたシュタイン像は、彼女の初期の現象学的傾向の強いテクストと、晩年の宗教的、霊的な傾向の濃い著作との間の違いを強調し、彼女の生涯の伝記的な事実と、著作を切り離して学問的に研究するべきであるという方法論に基づいている。

しかしながら今日、シュタインの二十七巻の全集が刊行され、彼女の著作の全貌が明らかになるにつれ、シュタインが純粋に哲学的な関心によって論文を執筆した時期はおそらく、感情移入に関する博士論文のみであったことがわかってきている。その後に執筆されたシュタインの最初の教授資格申請論文では、「神のうちに安らう」という彼女自身の宗教体験が内省されつつ、現象学的な論究が展開されている。シュタインのテクストにある純粋に哲学的な部分と、彼女自身の内的、霊的な体験が織り込まれている部分を分離して読み込み、理解することは困難であるばかりでなく、不可能とさえ言えよう。シュタインの主著である『有限なる存在と永遠なる存在——存在の意味への登攀の試み』においては、彼女独自のアプローチによって、トマス、フッサールをはじめとする中世と現代の哲学者、神学者の思想が対話・対峙し、さらにはカルメル会での神秘的観想の世界が共振し、従来の西洋哲学史の枠組みを超える思想世界が構築されているのである。

シュタインの思想の醍醐味は、自身の揺るぎない内的軸からテクストに向き合い、テクストとの対峙において自らの経験へと立ち返って内省し、思想を練り上げている点にある。このことはシュタインの著作のみならず、トマスをはじめとする彼女の翻訳書にも言えることである。彼女の思想は、限りなく透明で明澄な精神でもって、事象そのものにかえりつつ、フッサール、トマス、神秘家のテクストを彼女自身の言葉で、新しい現代の地平において、賦活しようとした勇気ある遂行であった。それは真の哲学者として、信仰者として、修道者として生きた彼女の生そのものであったのである。

本書では、シュタインの生涯とその思想を切り離すことなく、一つの有機的な関連をもつものとして理解しようとする。シュタインの思想は、抽象的な思弁ではなく、つねに生きられた己れの生の現実との対峙から生まれ、形而上学的な高みにまで昇華されている。彼女の思想的、宗教的な転向のプロセスを踏まえつつ、いっそう大きな枠組みで彼女の生涯と思想を一体のものとして捉え、その活動と思索の根本的な動機を明らかにすることが本書の目的である。彼女を幼いころから晩年に至るまで、つき動かしていたものは何か、彼女の生涯変わることのなかった動機、彼女の思想の軸にあるものを明らかにすることによって、多面的で分離したシュタイン像から、一貫した包括的なシュタイン像を提示できるのではないだろうかと考える。シュタインの生涯とその思想の核となる源泉は何であっただろうか。

本書では、彼女をつねに前へと進ませた揺るぎない内的動機を「真理への献身」において見てゆこうとする。彼女が哲学の学舎にいた時も、教師としてつつましい生活を送っていた時も、カルメル会で観想生活に身を捧げていた時も、そしてアウシュヴィッツのガス室で最期を迎えた瞬間も、「真理への献身」に貫かれた生であった。

彼女はフッサールが死の床にあった時、学友に次のような手紙をしたためている。

> 神は真理である。真理を探し求める者はだれでも、その人には明らかであってもなくても、神を探し求めているのだ。(SBB II, 300.)

この言葉からは最後まで変わることのなかった恩師フッサールに対する敬愛の念が表されて

いるだけでなく、彼女にとって「真理」とは、哲学的な真理をも包含し、それを超える己れの生を賭けて求めつづけるものであったことがわかる。彼女にとって哲学的な真理と神的な真理は、「献身」において一つに結ばれるものであった。人間の理性的な探究が、「献身」というかたちをとるとき、それは神への道程と一つのものとなる。言い換えるならば、シュタインの前半生と後半生を結ぶ鍵が「献身」という、真に生きられた意味での思想ではないだろうか。シュタインの友人でもあった哲学者のローマン・インガルデンは、彼女の学問研究への姿勢そのものを「献身」としか言い表すことができない、と述べている。また、彼女の著作のなかには「献身」（Hingabe）という言葉がたびたび出てくる。

シュタインにとって「献身とは愛の本質である」（ESS, 352）。そこに向かってすべてを献げ尽くすこと、すなわち愛は、人間の本質である。この「献身としての愛」は、シュタインの未完の遺書となった『十字架の学問』において、究極的に「十字架」において成就されるものとして示されている。

> 十字架の救いの力は命を与え、生をかたち造る原動力となる。それこそが「十字架の学問」なのである。（KW, 15）

シュタインがゲシュタポに逮捕される日まで書き続けていた『十字架の学問』は、それまでの彼女の全著作によってでも表しえない、あらゆる人間的で地上的な価値をも凌駕するような、彼女が行き着いた、最後の結実であった。『十字架の学問』未完の部分は、永遠の真理への道程として、今も、われわれに拓かれているのである。

目　次

目次

エディット・シュタインの道程

——真理への献身——

第一章　ユダヤ人の家庭から

1 「贖罪の日」に生をうけて

エディット・シュタインは一八九一年一〇月一二日、ジークフクリート・シュタイン(Siegfried Stein 一八四三―一八九二年)とアウグステ・シュタイン(Auguste Stein 一八四九―一九二六年)の末娘として、ドイツのブレスラウに生まれた。父のジークフリートは、その地方で材木商を営み一家の生計を立てていた。敬虔なユダヤ人の一家で、エディットを含め七人の兄弟姉妹のユダヤ人家庭であった。

人が生まれ育った土地は、その気質、性格に有形無形の影響をもたらす。人間は生まれ育った風土、自然、文化のなかに身を置いて生きてゆく。

エディット・シュタインがドイツ、プロイセンの領有であった時期のシュレージエン地方の首都ブレスラウ(Breslau)に生まれ、ユダヤ人の家庭で育ったことは、彼女の人格の基盤となった。彼女は自身の経歴について、次のように述べている。「私はプロイセンの祖先を引くユダヤ人である。(1)」これは彼女がカトリックとなり、ケルンのカルメル会に入った後に書かれた言葉であるが、キリスト教徒になってからも、「ユダヤ人である」と告白していることは注目されよう。エディット・シュタインにとって、自らのアイデンティティーはユダヤ人であることにあり、この認識は生涯何ものによっても消し去られるものではなかったのである。

エディットの故郷、ブレスラウ（現在のポーランド領のヴロツロワ〔Wroclaw〕）は、ドイツのシュレージエン地方の首都である。街の中央にはオドラ川が流れ、街には二十もの橋がかかり、木々と教会の尖塔が折り重なる。ブレスラウは今も古き良き時代のドイツの雰囲気を残し、大学の街としても名を知られ、学術と文化の中心地でもあった。現在はポーランドで第四の都市であるが、第二次世界大戦の戦火にさらされたとは思われないほど、気品と伝統が感じられる街である。この地域は第二次世界大戦後ポーランド領となり、ドイツ、シュレージエン地方はドイツから姿を消したが、ドイツへの帰属意識の強い地域であった。この地域で生活するドイツ人の多くは、ヴァイマール共和国時代からのプロイセンの気質を受け継いでいる人々が多く、シュタインの一家も例外ではなかった。

エディット・シュタインが誕生した一〇月一二日は、その年のユダヤ教の暦で「贖罪の日」（Yom Kippur ヨム・キプール）(2) と呼ばれる重要な祭日に当たっていた。この「贖罪の日」は、ヘブライ聖書の『レビ記』に由来し、人間の罪がぬぐい去られ、主のみ前で人間と神との新しいかかわりがもたらされる日である。実際にエディット自身も「贖罪の日」に生まれたことを、意味深く受けとめていた。エディットの家庭で、この日がどのように祝われていたかについて、彼女の『自叙伝』には次のように記されている。

ユダヤ教の祭日のクライマックスは、贖罪の日でした。この日、大祭司は、自分自身とその民族のために贖罪の犠牲を捧げるために至聖所へ入っていくのです。そして雄山羊は、すべての人々の罪を象徴的に背負って荒れ野に追いやられるのです。儀式は次のように行われます。今日でもユダヤ教の伝統を守っている人々は、この日を祈りと断食で迎え、会堂に集まります。私自身は、ユダヤ教の他の祝日の荘厳さを軽視するわけではありませんが、とくにこの贖罪の日の儀式にとても心惹かれるものを感じていました。贖罪の日の前夜、私たちはまだ明るいうちに夕食を取りました。そして会堂（シナゴーク）での儀式は、星が空にまたたくや否や始まります。私の母は、年長の姉妹たちに伴われて、この夕方の儀式に出かけて行きました。私の兄弟もこの儀式に与かるのは義務だと考えていました。夕方の儀式で唱われる美しい古典的なメロディーは、ユダヤ教徒でない人々をも魅了するものでした。

私にとってこの贖罪の日は、特別な意味をもっていました。私は「贖罪の日」にこの世に生をうけたのです。私の母は、毎年巡ってくるこの日が私の誕生日だと考えていました。母も私が贖罪の日に生まれたことを意味深く捉え、そのこともあって末娘の私をとりわけ可愛がってくれたのではないかと思います。(3)

エディット・シュタインの生涯において、彼女が「贖罪の日」にこの世に生をうけたということは、その全生涯の方向性を指し示しているように思われる。シュタインの生涯を貫く情熱、すべての活動を支える内的動機はどこにあるのか。その問いに答えるものが、「贖罪の日」に生をうけたことに顕われているのではないだろうか。もちろん幼少期の彼女は「贖罪」ということが究極的に何を意味するか理解できず、漠然とした使命感にすぎなかったかもしれない。完全な贖罪、犠牲は、キリストの十字架上での完全な燔祭の犠によって成就されたことを、彼女は後にキリスト者になってから知るのである。

自分自身の誕生における聖書的方向性について、シュタインは大学時代にともに哲学を学んだ友人で後にベネディクト会修道女となったアデルグンディス・イェーガーシュミット(4)（Adelgundis Jaegerschmid, 一八九五―一九九〇）に次のように書き送っている。

私は直接に何かをなしえない自分自身の無力さに遭遇するたびに、私自身の燔祭の犠牲(5)が求められることを感じないではいられません。しかしながら、私たちの現在の生活ではその燔祭の犠牲をささげる覚悟ができていないのかもしれません。そうだとしたら、私たちは主における全き犠牲ということについて一体どれほどのことがわかっているのでしょうか。私たちは今この場で、私たち自身の救いと、霊的に私たちの祈りに寄り頼む人々を救うことが求められています。私たちは祈ることによって、日々を永遠なるものにならしめていくことができるのです。(6)

この手紙の文面でシュタインは、彼女自身の燔祭について語ろうとしている。祈りにおいて、人々の道行きに寄り添い、人々の救いの成就に随伴することが求められる。祈りが燔祭の犠牲であるというとき、その祈りは本質的に自己充足的なものではなく、自分自身のいのちを差し出すことによって、神と人と一つになろうとする行為なのである。

一九二九年にエヒトのカルメル会の院長宛に記したシュタインの手紙のなかに、次のような祈りの言葉がある。

敬愛する院長様、真の平和がこの世にもたらされることを願ったイエスの御心にかなう燔祭のいけにえとして、この身を捧げさせてください(7)。

人々の苦難、罪、悪に寄り添い、ともに生きること、そして自分自身のいのちを差し出すことによって受難の時にある人を救うこと——みずからが「燔祭のいけにえ」になることは、贖罪の日に生をうけたシュタインにとって、その全生涯がそこに向かって収斂する道標であったのである。

2 特別な使命

シュタインの生涯を規定する刻印は、ユダヤ人の家庭に生まれ、ユダヤ教の信仰をもつ敬虔な両親のもとで育てられたことにある。シュタインにおけるユダヤ性は、彼女が「贖罪の日」に生まれたことにのみ由来するのではない。ユダヤ人とは、血統や民族を意味するだけでなく、神への信仰において結ばれた民である。ユダヤ民族は、その迫害と苦難の歴史を通して、唯一の神への信仰において、悲しみと喜びを分かち合い、ともに神への道を歩む連帯意識がある。幼いころのシュタインは、遥かなるユダヤの歴史、ユダヤ民族が歩んだ道についての知識をもっていたわけではないが、二歳で父と死別したこと、また質実剛健な家庭に育った経験から、苦難や危機に遭遇するとき、信仰において苦難を乗り越えてきたユダヤ人の歴史に連なっていることを感じていたにちがいない。

シュタインの幼少時代のことを知ることができる資料として、彼女自身によって書き記された『自叙伝』がある。『ユダヤ人の家庭の生活から(8)』と題された『自叙伝』は、シュタインの生い立ちを知ることができる貴重な記録である。後にカルメル会修道院への入会を機に『自叙伝』の執筆は中断されたため、大学時代の途中までの回想で未完のままに終わっているが、シュタインが育った家庭と幼少期、青春時代を詳細に知ることができるほぼ唯一の資料でもある。この『自叙伝』が執筆された時期は、彼女がカトリックの洗礼を受けた直後の一九二二年で、その後カルメル会修道院に入る数年前の一九二九年まで断続的に書き進められた。彼女はこの『自叙伝』のなかで、彼女は自分自身の成長過程、自分を取り巻く人々、友人たちについてその当時の日々を振り返り、克明に綴っている。『自叙伝』を書き記すようになった意図について、シュタインは『自叙伝』の序文で次のように述べている。

私は、ユダヤ人の家庭に育った者として、ユダヤ民族について学んだことを書き記したいという促しに駆られました。なぜならユダヤ人についての知識は、外の世界にはほとんど知られていないからです[9]。

さらに彼女はユダヤ人であるということについて、次のように語っている。

ユダヤの血を引いて生まれるということは、ユダヤ民族にとって消し去ることのできない何かをもたらすのでしょうか。私はユダヤ教を擁護する意図をもって本書を記すのではありません。ただ、私はこの本のなかで、自分が経験したユダャ人の生活について、率直に語り、証言したいのです[10]。

この自叙伝はシュタインがカトリックの洗礼を受けた後に書き始められたこと、執筆の動機は彼女の自由な意志によるものであったことを考え合わせるならば、この時期になって改めてシュタインは自分がユダヤ人の血縁に属していることの意味について省察するようになったと思われる。シュタインは大学時代に故郷のブレスラウを離れた後も母と兄弟姉妹との親密な交わりを絶やすことなく、大学では幾人かのユダヤ人哲学者との出会もあった。シュタインの精神生活において、ユダヤ人として生まれ育ったことは生涯消し去ることのできない刻印とも言える影響を及ぼしている。またシュタインはキリスト者になってから、自身がイエスの血縁に連なっていることを誇りに思い、ユダヤ民族との連帯感を抱いていた。(11)

教皇ヨハネ・パウロ二世は、シュタインの列福のときのスピーチで、(12)キリスト教とユダヤ教の和解のしるしとしての特別な意味を彼女の生涯に付与し、シュタインを「イスラエルの娘」と呼んでいる。実際シュタインは幼い誕生の日から自分の生涯に深く刻まれていた特別な使命とも言うべきものを、旧約聖書に登場するイスラエルの娘、エステルの生き方に見いだしていた。

エステルはバビロン捕囚の時代にユダヤ人がハマンによって絶滅されようとしていた時に立ち上がり、ユダヤ人を救った勇気あるイスラエルの娘であった。シュタインはエステルの生き方に自分に与えられた使命を重ね、次のように述べている。

王とともにユダヤの民を救い出したユダヤの女王エステルのことを思い起こします。私は非常に貧しく、無力で、小さなエステルにすぎません。しかし私を選んでくださった神は限りなく偉大で慈しみ深い方なのです。[13]

ヨーロッパを第二次世界大戦の戦火が呑み込み、ナチスのユダヤ人迫害の嵐が襲った時代に、シュタインは自分が贖罪の日に生をうけたことの深い意味と自己に課せられた使命を感じずにはいられなかったのである。シュタインは自分の歩むべき道を聖書に登場するユダヤ人女性、エステルに見いだしている。

危険が身近に迫っています。わたしは生まれた時から、わが先祖をすべての先祖のなかから選んで御自分の永久の遺産とし、イスラエルに約束したことを実現されたと。今あなたは、罪を犯したわたしたちを敵の手に渡されました。――すべての人に力を及ぼされる神よ、希望を失った者の声に耳を傾け、我らを悪の手から救い、わたしを恐れから解き放ってください。（エステル記Ｃ・一五―一六、三〇）

「主よ、思い起こしてください。この苦難の時、あなた自身をお示しください」（エステル記Ｃ・一二三）[14]というエステルの祈りは、イスラエルの娘、シュタイン自身の生涯を貫く祈りとなった。「罪の贖い」、「苦難における人々との連帯」という誕生の時にシュタインに刻まれた聖書的しるしと使命は、彼女の道程の軸となってゆくのである。

3　母の思い出

エディット・シュタインは自叙伝のなかで母について思い出深く綴っている。自叙伝を執筆していた時期、彼女は故郷のブレスラウを離れて生活していたが、母に対する情愛は変わることがなかった。自分自身にとってもっとも身近な、愛する人との関わりは、その人とともにいる歳月よりも、離れてみて、その絆が改めて意味をもち、自分を生かすことがある。あの人の存在が時空を越えて、ともに居て、感じ、語り合うことがある。娘エディットと母とのつながりはそのようなものであった。

エディットにとって幼年時代の思い出は、母の思い出なしに語ることができなかった。父の亡きあと七人の子供たちを育て上げた母、いつも信仰の焔を心の奥底に燃え立たせていた勇気ある女性、そして何よりも心のよりどころであった母。母はエディットにとって根源的な拠り所、安らぎでもあった。

エディットの母であるアウグステ・シュタインは、一五人兄弟の四番目の子供として生まれた。幼いころから器用な女性で、六歳のときにはすでに編み物もするようになっていたという。シュタイン一家は経済的に困窮することもあったが、母のアウグステはいつも夫の良き助け手として一家を支え、子供たちの養育に精魂を傾けていた。

エディットが二歳になろうとしていた一八九二年の夏、父のジークフリートは、商用に出かけた途上で日射病にかかり、突然にこの世を去った。父の急死の悲報が伝えられたのは、七月の暑い日のことであった。一家の悲嘆は大きかった。エディットにとってあまりにも早急な父との死別であった。自叙伝では父との死別について短くふれられているにすぎず、そこには感情的な表現は見られないが、愛する父との死別は二歳になったばかりの少女にとって苛烈な経験であったことだろう。父を喪ったエディットの幼い心に、悲しみを通して見えてくるものもあったことだろう。夫と死別した母はその日からいつも黒い衣服をまとうようになったという。一家の大黒柱を失ったエディットの母は、夫の職業であった材木商の仕事を引き継いで家族を支えた。シュタイン夫人は、良質の材木を捜すために、自らその地方の森を歩いてまわった。彼女は材木を見分ける鑑識眼に優れ、汽車の窓から森林を眺めるだけで、それが良い材木であるかどうか識別できるようになっていたという。シュタイン夫人の精力的な働きぶりは目を見張るものがあった。彼女は毎朝五時半に起きて、材木商の仕事に出かけるのが常だった。そして昼食のために家に帰ってくる時間以外は、ずっと日が暮れるまで仕事に励むのを日課としていた。母の生活について、エディットの『自叙伝』には次のように記されている。

母は夕方家に帰ってくると、もうすっかり疲れ切っていました。夕食は、パンとバターとお茶だけですましてしまうのが常でした。そして特別な仕事が残っていない限りは、たいてい早く休むのを習慣にしていました。夜、床につく時には、すっかり満足し切った様子で「ベッドはこの世で一番素敵なところよ」と言ったものです。ベッドのなかに入ると、彼女は誰かに本を読んでもらうのが好きでした。一番上の男の子が、母に物語を読んで聞かせ、その途中で彼は「ねえ、聞いてくれてるの？」と母に尋ねたものです。そうすると、母は「はい、はい、ちゃんと聞いていますよ」と言いながら、もう眠ってしまっていることが多かったです。私は六歳になるまではそのような母と一緒に寝ていました。(15)

エディットの母にとって夫亡き後、七人の子供たちを女手一つで育て上げるのは容易なことではなかっただろう。七人の子供たちの方も、朝から晩まで働きつづける母の姿を見ながら、年長の子供たちは家事を手伝い、質素な生活をいとわなかった。父の死は悲嘆による家族の絆を強めたのである。このような家庭生活は、後のエディットの質実剛健で質素な生活の土台となった。当時のことをエディットは次のように回想している。

七人の子供たちに、十分な食料と衣服を与えるのは、決して楽なことではなかったと思います。そのような生活であっても、私たちはその日の食べ物に欠くことはありませんでした。ただ節約して、質素な生活をする習慣を身につけなければなりませんでした。そしてこのような習慣は、今日に至るまで続いています。後に家族と離れて生活するようになってからも、私が身に着けているものは、身分にしては質素すぎると言われたものです。そのような指摘を受けることには当惑しましたが、それでも私は質素に生活するという基本を忘れることはありませんでした。(16)

父のいない家庭では、ときとして暖炉の火が消えてしまったかのような寂しさ、喪失感におそわれることがあっただろう。モーセがイスラエルの民を率いて砂漠を旅したとき、途中でイスラエルの民たちは、かつての古巣であった土地をなつかしんだ。しかし人生の旅の途上で、死者となった人とともに営んだ生活を取り戻したくても二度とかえることはない。悲嘆の彼方で涙する時、その涙から希望へのかすかな道標が垣間見える。

興味深いことに、エディット・シュタインが後になって生涯を奉献することになったカトリックの修道会であるカルメル会から出た有名な聖人たちの生涯を見ると、片親を子供時代になくし、片親の生き方がその後の彼らの人生に大きな影響を与えたというケースが多い。アビラのテレサは一三歳のときに、またリジューのテレーズは四歳のときに、それぞれの母と死別し、父の手で育てられている。また同じくカルメル会の聖人である十字架の聖ヨハネは幼少時に父と死別し、三位一体のエリザベットは七歳のときに同じく父と死別している。片親との死別を経験した子供にとって育ての親の存在は誰よりも大切な存在であり、相互の愛情の絆は濃密なものであるだろう。とりわけ深い祈りの生活に導かれたカルメル会の聖人にとって、幼いころの親との死別の経験は、神により頼み、神にまなざしを向ける生き方の萌芽となったのかもしれない。

父とのふれあいをほとんど経験することのなかったエディットにとって、母のもつすべてを包みこむ暖かさは、生の源泉だったのである。彼女の述懐は次のように続く。

冬のひどく寒い日に家路に就いた母は、暖かい手で私を包んで、暖めてくれたものです。母の手のぬくもりは、家庭の暖かさを象徴しているように私には思えました。(17)

さらに重要なことは、エディット・シュタインは信仰者としての母から、大いなる存在への畏れと敬い、宗教の源泉とも言うべきものを受け継いだのである。母は敬虔なユダヤ教徒として信仰生活の規範を忠実に守り、信仰の礎の上に、家庭を築き上げた。現在も残されているシュタインが子供時代を過ごしたブレスラウのミカエル通りにある家を訪問すると、ユダヤ教の伝統に培われた家庭の雰囲気がそこかしこに感じられる。家の扉には、モーセの律法《トーラー》の巻軸がかけられていて、室内には、ヘブライ聖書（ユダヤ教の聖書聖典）の一場面を描いた絵が飾られていた。室内は文化的で堅実なたたずまいとともに、ラビ（ユダヤ教の教師）の家を思わせるかのような宗教的雰囲気がある。シュタイン夫人はユダヤ教徒であることを誇りにし、子供たちをユダヤ教にもとづく教育方針のもとで育てた。家では食前にヘブライ語の祈りが唱えられ、ユダヤ教の掟は生活の規範であった。シュタイン夫人は、高齢になるまでユダヤ教の律法に定められた断食を守っていた。この宗教的剛健さは、娘のエディットにも知らず知らずのうちに植えつけられていった。彼女が、後になってキリスト教に入信し、カルメル会というカトリックの修道会のなかでも厳格な規範をもつ修道会へ入るようになった素地が、幼少期のうちから培われていたということができるかもしれない。シュタイン家の子供たちにとって、宗教教育の土台は、何にもましてシュタイン夫人の模範そのものにあった。シュタイン夫人は、多くのユダヤ教徒と同様に神を畏れ敬う心とともに、神の掟に背くことに対する徹底的な嫌悪感をもっていた。彼女にとって、この世における最大の悪は、罪を犯すことであった。エディットは母の教育について、次のように語っている。

家庭のなかでは、教育方針について特別に問題にする必要はなかったのです。なぜなら私たち子供がどのようにふるまわなければならないかということは、母の姿勢と実践に示されていたからです。母は、私たちに悪に対する畏れということを教えてくれました。そして何かをやり遂げた時に「どのように考えてみても、私はすべてのことを自分の力で成し遂げたのだとは思えないのだよ」という母の口から発せられた言葉は私に母が信じていた神の存在を教えてくれるものでした。(18)

幼いエディット・シュタインの心の奥底に灯った神への揺るぎない信仰心、罪を忌み嫌う良心は、母の信仰によって与えられたものであった。

　さらにエディットが母から学んだ生き方は他者への思いやり、慈しみの精神であった。またシュタイン夫人は質素で厳しい生活のなかでも、貧しい人々に必要なものを分け与える寛大な心をもっていた。生活に困窮していた職人には、代金の支払いを免除したことも稀ではなかった。またクリスマスになると、貧しい人々に、無償で薪を贈る心づかいも忘れなかった。人々のために目立たないところで小さな犠牲を捧げる――このような母からの生きたメッセージは、幼いエディットの核をつくるものとなっていったのである。

第二章　フッサールの弟子

1　現象学との出会い

ブレスラウ大学に在学している間に、シュタインの学問的関心は漠然とした実存的な問いから問題意識がより明確なものになっていった。大学へ入学した当初シュタインは哲学部の実験心理学専攻に在籍し、心理学を勉強することによって人間の精神を解明したいと考えていた。しかしシュタインは、次第に実験心理学における〈魂なき心理学〉に失望の念を抱くようになった。究極的な真理は自然科学的方法によって解明し尽くされるようなものではないとシュタインは考えるようになった。彼女の関心は現象学へと向かっていったのである。彼女は次のように述べている。

私は心理学の博士号を取得しようと考えていたことが、初めからまちがっていたのだと気づいた。心理学を学んでみて、この学問は幼稚なものでしかないということ、つまり心理学には明晰な根本的概念というものが欠けていて、このような学問的方法によって本質的な基礎を築くことはできないということがわかったのである。一方で、現象学から学んだことに私は非常に興味を覚えた。現象学においては、物事を明晰判明なものにしていくことが要求され、そのような思考を通して、私たちは精神的な能力を鍛え上げていくことができるのである。(1)

シュタインは魂なき心理学に失望し、明晰な方法論をもつ現象学に自らの学問的方向性を見いだしたのである。シュタインが現象学に出会い、自分の研究課題を見定めるようになったのは、ブレスラウ大学での勉学生活が二年目の終わりに近づいたころであった。シュタインは現象学の研究を進めるために、他の大学へ移ることを真剣に考え始めていた。当時の状況についてシュタインは次のように語っている。

私はブレスラウ大学で四学期（二年間）を過ごした。母校（アルマ・マーテル）での生活は充実したものであった。私はブレスラウでの大学生活に深い愛着を感じていたので、ブレスラウを離れることになるとは思いもよらなかった。しかし、私はそれまで強い愛着をもっていたものから、いとも簡単に離れ、まるで小鳥が住み慣れた巣から飛び立っていくように新しいところへと旅立つことを覚えたのである。そのようにして転機を迎えるということは、私の人生で後年になってもしばしば起こった。大学での二年目が終りに近づいたころ、ブレスラウでの生活は私にとってそれ以上多くのことを与えてはくれないのだと悟ったのである。そして私には、新しい挑戦が必要なのだと考えたのである。(2)

シュタインに転機をもたらした現象学との出会いは、一九一二年から一三年にかけて思考心理学の演習に参加していた時、参考文献リストのなかにフッサールの『論理学研究』があったことに端を発している。シュタインは早速一九一二年のクリスマス休暇中にフッサールの『論理学研究』を読破することに専念したのである。(3)『論理学研究』(4)は、フッサールの提唱する現象学の根本的概念を世に問いかけた記念碑的著作で、哲学の分野のみならず、隣接領域の学問にも大きな影響をもたらした。フッサールの意図する論理学とは、「純粋論理学と認識論の新しい基礎づけ」であり、すべての学問的認識を基礎づけるものとしての論理学であり、そこにおいて学問的認識、概念、命題、真理を可能ならしめている根本的諸条件が解明されるものである。フッサールが主張する純粋論理学の方法論は、経験的な心理現象から普遍的法則を求めていく心理学主義を批判する意図があった。この点にシュタインは自分の問題意識と呼応するものを見いだしたのである。

シュタインは人間の経験におけるあらゆる認識と判断の源泉となるもの、すべてを取り去っても疑いえないものを探究しようとしていた。最も確かなものであると確信できる根拠は何かと問うならば、日常生活のなかで人が暗黙のうちに受け入れているさまざまな意見、主義、信仰をもう一度括弧のなかに入れて問い直すことが求められた。このような探究の姿勢はシュタインにとって知的誠実さを意味していた。哲学は、感情や主観的恣意、個人的熱狂に左右されるものであってはならない、とシュタインは考えていたのである。感性的な経験に依拠するのではなく、厳密にすべての学問の前提となるものを吟味していくという学問的な方法こそ、現象学が確立しようとしているものであった。厳密な学としての哲学は、自然的態度のなかでの経験に根本的な変更を迫るものであり、究極的な認識の前提に立ち返って問い直す方法論を確立することによってのみ可能となる。

シュタインはフッサールの『論理学研究』を読み終えて、フッサールこそが真の哲学者であることを悟ったと述べている。彼女は直ちにブレスラウを去ってフッサールのもとで学ぶため、ゲッティンゲンへ赴く決心をしたのである。一九一二年の暮れ、シュタインはブレスラウで大みそかのパーティを楽しんだ。参加していた一人一人に向けて、歌が作られた。シュタインには、次のような歌がうたわれた。

普通の女の子は、キス（Busserl＝オーストリアの方言）を夢みているのに、エディットは、フッサール（Husserl）をお望みだとさ。もうじきゲッティンゲンで、フッサールにお目もじかなって、彼がどんな人だかわかるだろうね。(5)

2　ゲッティンゲンでの学究生活

一九一三年の四月一七日、シュタインはゲッティンゲンに到着した。ゲッティンゲンは、ドイツ中央部に位置する落ち着いたたたずまいを見せる大学街である。この街は戦災に見舞われなかったため、今もシュタインが生活していたころの面影を偲ばせる建物や場所が残っている。シュタインが下宿していた家の表札には、「エディット・シュタイン、哲学者一九一三―一九一六年」と記されている。彼女の下宿は聖アルバン教会のすぐ近くにあり、アンジェラスの鐘の音を毎日三回聞いていたことも、『自叙伝』には記されている。(6)街の中心には、ドイツの伝統的な建物に囲まれた広場があり、ゴシックの市庁舎は、ひときわ美しい。中央広場にある名物のがちょうを手にした少女の噴水は、現在も当時のままの姿を残している。そして、街で一番おいしいケーキ屋として評判の高いクローン・ランツのケーキ屋も、シュタインが通っていた頃と同じ看板を掲げているのである。シュタインは ゲッティンゲンでフッサールに学ぶことのできる高揚感を次のように述べている。

親愛なるゲッティンゲン！　現象学のゲッティンゲン学派が活況を呈した一九〇五年から一九一四年にかけて、そこに学んだ者にのみ、ゲッティンゲンがどれほどの意味をもっていたかわかるのだ。(7)

三年間のゲッティンゲンでの学究生活は、シュタインにとって学問への情熱をかきたてられる時であった。その当時、ゲッティンゲン大学の哲学教授であったフッサールのもとには多くの若い哲学者の俊英が集まり、ゲッティンゲンでの現象学運動は活況を呈していた。フッサールの方法論は、カントと思弁的観念論に対して批判的な距離を置き、事象にもとづく客観性を強調するという意味で、当時のドイツ哲学の流れに革新的とも言える潮流を吹き込むものであった。フッサールの『論理学研究』は公刊された当時からミュンヘンで活躍していたテオドール・リップス（Theodor Lipps 一八五一—一九一四年）らによってはじめられた「心理学研究会」の会員によって高い評価を受けた。そこにはアレクサンダー・プフェンダー（Alexander

Pfänder 一八七〇―一九四一年)、ヨハネス・ダウベルト(Johannes Daubert 一八七七―一九四七年)、アドルフ・ライナッハ(Adolf Reinach 一八八三―一九一七年)らがいた。彼らはフッサールをミュンヘンに招いて研究会を開き、一九〇六年にはイエーナから赴任してきたマックス・シェーラー(Max Scheler 一八七四―一九二八年)が加わり、活発な議論を繰り広げていた。これらの哲学者のグループは後にミュンヘン学派と呼ばれる現象学の運動の一つを形成した。このグループに属していたライナッハ、テオドール・コンラート(Theodor Conrad 一八八一―一九六九年)は一九〇七年、ゲッティンゲンへと移り、フッサールのもとに「ゲッティンゲン哲学協会」が結成され、現象学運動の第二の拠点を形成した。『論理学研究』を深い感動と共感をもって読み終えたシュタインは、即座にフッサールのもとで学ぶことを決意し、一九一三年、フッサールが教鞭を取っていたゲッティンゲンへ移った。そのころゲッティンゲンでは、フッサールを中心として現象学運動は最初の隆盛期を迎え、一九一三年には『哲学および現象学研究年報』が創刊された。シュタインのゲッティンゲン到着以前に「ゲッティンゲン哲学会」が組織されており、フッサールのもとには、彼の私講師となったライナッハ、ダウベルト、ガイガー(Theodor Geiger 一八八一―一九六九年)、テオドール・コンラート、ディートリッヒ・ヒルデブラント(Dietrich Hildebrand 一八八九―一九七七年))、ヘードヴィッヒ・コンラート=マルティウス（Hedwig Conrad-Martius 一八八八―一九六六年））、アレクサンドル・コイレ（Alexandre Koyré 一八九二―一九六四年）、ハンス・リップス（Hans Lipps 一八八九―一九四一年）、ローマン・インガルデン（Roman Ingarden 一八九三―一九七〇年）らが集まり、活発な討論と研究が繰り広げられていた。これらの現象学者の仲間にシュタインが加わったのは、ゲッティンゲン学派がほぼ終盤の年代にさしかかっていた一九一三年のことであった。

シュタインはゲッティンゲンで出会った哲学者との学術交流を通して、ミュンヘン学派の影響も受けた。ミュンヘン学派の関心は、認識論よりも、実在論（シェーラー、インガルデン）、「現象学的存在論」（ライナッハ）、存在論的現象学（コンラート＝マルティウス）にあった。このような現象学運動の潮流は、比較的初期から認識論、超越論的現象学へと関心を向けていたフッサールの思想との緊張関係をはらんでいた。シュタイン自身も現象学を学びはじめた当初から、フッサールの現象学そのものに内蔵する根本的な問題、すなわち認識論と存在論の「分かれ目」に注目し、後になってこの点においてフッサールと一線を画するものを見いだすことになるのである。ゲッティンゲン学派の人びとにとって現象学は第一義的には、本質についての普遍学を意味しており、それゆえに存在論を含んでいた。しかし、当時のフッサールは認識論への関心を深め、意識の本質についての探究に関心の中心を移し、次第に超越論的現象学へと傾いていったため、多くの弟子たちはフッサールと距離をおくことになった。そして一九一六年フッサールがフライブルク大学哲学教授に就任したとき、フライブルクまで行った門下生はシュタインとインガルデンのみであった。第一次世界大戦でライナッハなどの幾人かの弟子たちは戦死したこともあり、フライブルクではゲッティンゲンのように現象学者が集結する動きはもはや見られず、フッサールのもとで学ぶ人々は（フッサール）集派（グルッペ）と呼ばれていた。

シュタインが、フッサールとその研究仲間を通して学んだことは、真の哲学者魂——つまり真理に向かってみずからの精神を開いていく絶えまない探究心と知的誠実さであった。「事実そのものへ」（zu den Sachen selbst）というモットーは、フッサールの現象学において『論理学研究』以来繰り返して強調されている。事象そのものへと向かっていく根本的な姿勢は、言説や思い込みを捨てて事象そのものへと立ち返り、それ自身与えられているがままの事象を問い正す厳密な論理性を要求する。この基本的姿勢は現象学が試みた哲学的方法論であると同時に、学問に対する真摯な姿勢そのものであった。フッサールは、この現象学的方法論と根本的な学問性の精神を弟子である現象学者にも要求していたことが、シュタインの言及からも読み取れる。

フッサールは、私たちに次のことを教えるために骨身を削っていた。彼がいつも強調していたのは、厳密な客観性と徹底性、そして「根本的知的誠実さ」ということである。(8)

哲学者が事象に立ち返り、与えられているがままの事象を捉えるためには、自身の偏見と臆見を捨てなければならない。ここで事柄（客観）が存在し、それを認識し理解する人間の意識（主観）があるという図式そのものが、問い直されるのである。つまり、すべての事柄（客観）は、私（主観）によって意識されているものであるが、その主観の認識が正しいとわかる根拠は何であろうか。フッサールは確かに根拠づけられた事象を徹底的に追求しようとする。フッサールが本質原理と呼んでいるものは、暗黙のうちに信憑しているものを取り払った、純化された意識において与えられるものなのである。この純粋な意識は、限りなく透明に真理に対して開かれている。

フッサールの哲学的姿勢をつきつめていくと、真理探究の道は、主観的観念論や心理学主義から離れ、意識そのものを問い正すことから始めなければならない。シュタインもこのことに気づいたとき、哲学そのものに対する姿勢を問い正すことを要求された。自然的な態度を遮断し、実在的な自然的世界の全体を括弧に入れると、私たちは人間の精神に直接に与えられる明証的な意識、純化された自我というものに行き着く。フッサールが純粋意識と呼んでいるものこそが、すべての真理を可能ならしめる根拠となる。フッサールは、純粋意識、先験的主観というときに、そこから神、超越者との関わりを導き出していない。しかし、人間の実際の精神生活においては、フッサールの純粋意識は、実在する自然的世界を括弧に入れ、あらゆる超越物を遮断した後に開かれてくる「あるものについての意識」であり、それはキリスト教における信仰における宗教的次元と近くなってくるのである。ある意味で信仰とは、自分自身の有限で不確かな知識を超越しようとする精神の開きであり、絶対的なものの開示とそれへの承認である。実際フッサールはユダヤ人の家庭に生まれ、一八八六年にルター派プロテスタントの洗礼を受けたが、それ以降、哲学的営為の純粋性を保持するために特定の宗派や教義に属することはなかった。しかしながら、フッサールのもとで学んだ現象学者のなかには、シュタインをはじめ、シューラー、イェーガーシュミット、ライナッハ、コンラート＝マルティウスら、キリスト教に接近した哲学者が多くいたことは事実である。それは自明的な真理に肉薄しようとする現象学の精神が絶対的なものの開示と受諾という信仰にまで至ったケースが見られたことを示している。

シュタインがゲッティンゲンで学究生活を送っていたあいだに、カトリックの信仰の世界に目を向けさせた哲学者の一人に、フッサールのもとで現象学を研究していたマックス・シェーラー（Max Scheler 一八七四―一九二八年）[9]がいる。ユダヤ人出身のシェーラーがカトリックに入るようになったのは、彼の家で働いていたカトリックの女性の影響と、ミュンヘンのギムナジウムで宗教を教えていたカトリックの司祭の感化によるものが大きいとされている。シェーラーは一八八九年、十五歳のときにカトリックの洗礼を受けた。その後シェーラーは、離婚経験のある夫人と結婚したこともあって、しばらくの間教会からは遠ざかっていたが、一九一六年に再びカトリック教会に帰依した。シュタインがゲッティンゲンでシェーラーと交わるようになった一九一三年ごろ、彼は再び信仰生活に戻ろうとしていた時期であった。このころシェーラーは代表作となった『倫理学における形式主義と実質的価値倫理学』[10]を発表し、当時の哲学界に新風を吹き込んでいた。シェーラーはフッサールが提唱した現象学的方法を継承しながらも、フッサールとは一線を画す哲学を展開していた。フッサールが事象そのものへというモットーによって、真理を探究しようとしたのに対して、シェーラーは価値倫理学と取り組んでいた。シェーラーは抽象的な事柄について語るのではなく、人格的な生にかかわる価値や愛の問題に積極的に取り組んでいたのである。このシェーラーの研究は、当時多くの哲学者に影響を及ぼし、若い学生たちは学問的な事柄だけでなく、彼の人格からも感化を受けるところが大きかったようである。
シュタインは、他の哲学者の影響もあるが、ゲッティンゲン時代にシェーラーを通してカトリックの世界観と信仰に目を開かれるようになったと見られる。シュタインが信仰の世界に開眼してゆくプロセスにおいて重要な点は、彼女が信仰について知的な関心をもっていたことだけでなく、何よりも信仰に生きていた人々との人格的な出会いと交わりを通して、信仰についての実存的な理解と内省を深めていったことである。シェーラーとの交わりを通して得られたことについて、シュタインは次のように語っている。

ゲッティンゲンでの数年間、シェーラーから受けた感化は、多くの他の人々と同様に、私にとっても、哲学の領域を越えるところにまでに及び、大きな意味をもつようになった。私は、シェーラーがいつカトリック教会に帰依したのか知らなかった。私がシェーラーに出会ったのは、彼の回心とほとんど時期を同じくしていたのではないかと察せられる。いずれにしても、その当時、シェーラーはカトリックの世界に傾倒し、彼特有の精神のひらめきと雄弁さをもって、カトリックの理念を擁護していた。シェーラーの示すカトリックの精神は、それまで私がまったく知らなかった世界に目を開かせてくれた。しかし、そのとき私は信仰へは導かれていなかった。しかしながらもはや目をつぶって飛び越えてしまうわけにはいかない「現象」の領域に目を開かれたのである。私たちは、すべての物事を偏見なしに観、すべての暗黙の了解を取り払うということを現象学のなかで繰り返し教わってきた。現象学を学ぶことによって、これまで知らず知らずのうちに合理主義的な偏見に囚われていた状態から、解放され、信仰の世界が現われてきたのである。私が毎日関わっていた人々、私が尊敬し、賞賛していた人々は、この信仰の世界に生きていることに気づいたのである。人々が生きている信仰の世界を真剣に考えてみる必要がある。さしあたって、私は信仰の問題を体系的に理解することを試みようとは思わなかった。私には他の課題などもあって、時間的余裕もなかったのだ。ただ、私の周囲に起こることを抵抗なしに受け入れていた。そうしているうちに自分でも気づかないうちに、私は次第に変えられていったのである。(11)

3　「感情移入」の問題

シュタインはシェーラーの影響もあって、現象学の精神を人格的、倫理的方向で深めてゆくことの重要性に気づいた。実際シュタイン自身の言葉によれば、シェーラーは「現象学の精神を、これほど体現している人に出会ったことがない」とまで思われた人である。シュタインは、シェーラーから人格的感化を受けたのみならず、哲学的に大きな影響を受け、人格的、実存的な現象学に関心をもつようになるのである。シェーラーは一九一三年、『共感の現象学』（これは一九二六年に『共感の本質と諸形式』(12)となって出版された）を公刊した。この著作のなかでシェーラーは、他者の実在とその了解可能の問題を共感という概念を取り入れて説明し、共感は認識的、精神的生の根本的現象であると主張している。当時ゲッティンゲンで活躍していた現象学者の一人であるテオドール・リップスもこのような問題に関心をもって、美的感情移入について研究していた。

シュタインは、フッサールが「感情移入」について論究している点に関心をもつようになった。シェーラーも、共感という概念に注目して独自の考えを展開させたが、その問題意識の根底には、自分や他者との関わり、すなわち他者問題がある。この感情移入をめぐる問題は、数年後にはシュタインの博士論文のテーマとなって展開された。後年シュタインは、内外からの要請を受けて女性論に取り組むようになるが、女性を他者との関わりにおいて理解しようとするシュタインの女性論の根底に他者論への問題意識があったことは注目されよう。シュタインは女性論の骨格となる洞察を、フッサールの感情移入に関する研究を通して得ていたと考えることができる。私たちは他者や自然界と関わるとき、その認識についての信憑と確信をどのようにして得ているのだろうか。他者や自然界と接するとき、知らず知らずのうちに主観の側からの志向性を投入させることによって、他我、あるいは事物を認識しているのではないだろうか。フッサールは、主観の外にあるものを認識するという働きを、自己を投入すること、「感情移入」（Einfühlung）と捉える。

シュタインの博士論文である『感情移入の問題』(13) はテオドール・リップスの感情移入についての理論との対比においてフッサールの感情移入についての理解を論究したものである。この論文は最優秀の成績をおさめ、一九一七年夏、ハレにおいて公刊された。フッサールは、物、人間といったすべてのものを括弧に入れる（現象学的に還元する）ことによって、純粋意識を確保しようとしたのであるが、そのことによって独我論に陥らないために、感情移入に基づく他我経験の構成を解明する必要があった。シュタインの論文はこの点を論究しているが、フッサールがこの問題を認識論的視点からのみ取り扱ったのに対して、シュタインは感情移入の問題を、人格構造の本質にまで掘り下げて解明しようとしている。フッサールにおいては、感情移入とは他我認識における自己投入として理解されているが、シュタインは感情移入を、精神的個人が他者を知覚する行為そのものであると考える。私に対する現存としての他者の存在が知覚されるとき、そこには身体性の問題が介在することにシュタインは注目する。シュタインは物体的なものとしての身体（Körper）と、外の対象を知覚するものとしての生き生きとした身体（Leib）を区別して論じることに及んでいる。[14] 身体性に関するシュタインの論考は、フッサールとリップスの感情移入についての論究を出発点として、後になってフランスの哲学者メルロー・ポンティーが、中心的テーマとして扱った知覚の現象学、身体性の概念の先駆けとなった研究としても評価されている。

シュタインの学究生活は、心血を注いで学問における真理探究に打ち込む日々であった。ゲッティンゲン時代の同僚であったローマン・インガルデンは「エディット・シュタインの哲学研究について」[15] と題した論文のなかで次のように述べている。

エディット・シュタインは、あらゆる公的な任務を果たしながら、自ら献身的に、情熱をもって研究に取り組んでいた。この献身（Hingabe）というものこそが、彼女の知的生活の軸となるものであった。[16]

インガルデンがシュタインの学究生活を「献身」という言葉で表現しているように、彼女にとって学問は、単なる知識のレベルの探究にとどまらず、自分自身、それに向かってすべてを傾けるに値するものであった。彼女にとっては、真理を探求することは、真理への献身そのものであったのである。

4　フッサールの助手として

シュタインがフライブルクに到着して間もないころ、博士論文を執筆していた時期にフッサールの助手になるという話が持ち上がった。手紙には次のようにある。

フライブルクに着いて二週間ほどたった頃、私は自分の論文をフッサールに読んでくださるよう執拗に頼んだので、師（フッサール）は不機嫌な様子であった。ある夕、フッサールは助手を必要としていることを、夫人から聞かされた。フッサールの頭のなかにはいろいろな考えが次々と浮かんでくるので、彼はいつまでも原稿を完成することができないでいると、マイヤー教授も私たちに話してくれた。私はその時、内心次のようなことを思い

ついたのである。私はフッサールに仕事を手伝うことを申し出るべきだろうか。(17)

シュタインの『自叙伝』には次のように記されている。

フッサールはドライザム（フライブルクを流れる川）にかかる橋の真中に立ち止まって、喜びを隠しきれない様子で私にこう言った。「私と一緒にやってくれませんか。私はあなたと一緒に仕事をしたいのですが。(18)」

シュタインはフッサールの助手になるという申し出を受け入れ、一九一六年の十月からフライブルク大学で助手の任務についた。当時ドイツの哲学界にその名をとどろかしていたフッサールの最初の助手にエディット・シュタインが選ばれたことは、人々の注目を集めることになった。当時哲学を専門にする女性がきわめて少なかった時代に、高度な専門能力を要求される地位に、シュタインが起用されたのである。

シュタインはフッサールの助手としてフライブルク大学でフッサールの哲学の入門ゼミを担当した。このゼミはフッサールの思想や方法に通じていない学生を導くための予備コースであり、このクラスのことを、シュタインは「哲学の幼稚園」と呼んだ。シュタインはフッサールの助手になるということを、社会的地位を獲得し、生活設計を立てるための手段としてのみ受け入れていたのではなく、何よりフッサールの協力者として仕事をすることに意味があると考えていた。実際フッサールがシュタインにまかせた仕事は、彼の彼女に対する信頼の大きさを表していた。この時期の彼女の手紙には次のようにある。

助手としての私の仕事に要求されていることは責任が重く、これ以外の別の仕事を手がけることは、ほとんど不可能に思われる。一方で私がこの助手としての責務を放棄するということも考えられない。なぜなら私がこの仕事を放棄したならば、フッサールはもはや原稿を出版することはできなくなるからである。彼の著作を公刊することは、私が将来この世に出すどのような仕事よりも重大なのだと私には考えらえる。(19)

シュタインはフッサールの助手をしていた二年間、ゲッティンゲン時代から準備していた『感情移入の問題について』の博士論文以外にはほとんど業績を発表していない。シュタインの後任としてフッサールの助手に就任したハイデガーやランドグレーベ、私講師を務めたカウフマンは、フッサールのもとでの仕事をいわば踏み台として、業績を発表し、大学教授職を得たのに対して、シュタインが心血を注いで編集作業にあたった原稿の多くは、陽の目を見ることがなかった。フッサールは、インガルデンの言葉によれば、「出版に対してはいつも一種の怖れを抱いていた」ため公刊された著作は多くなかったのである。[20]

彼女に最初に与えられた仕事は『イデーン』第二巻の草稿の整理、編集であった。フッサールはシュタインに草稿の整理に当たらせただけではなく、草稿を推敲し、出版できる形にまで仕上げることもまかした。インガルデンの指摘によれば、フッサールの原稿に手を加えて、完成させるという責任の重い仕事をまかせられた最初の弟子はシュタインであった。シュタインはフライブルク時代のフッサールのもとで助手として仕事をすることによって、彼女はフッサールの『イデーン』第二巻の草稿を見ることのできた最初の人となった。しかしながら、『イデーン』の第二、第三巻もフッサールの生前には出版されず、公刊されたのは二五年もたった後のことであった。ゲッティンゲン、フライブルクで教授職についていた時期のフッサールは出版することに非常に慎重で、フッサールの思想はつねに途上にあって進化していて、出版にまでこぎつけることが困難であったのである。シュタインが整理し、編集した原稿には、『イデーン』第二、第三巻のほかに、『論理学研究』の第六研究、後にランドグレーベ編として出版された『経験と判断』のもとになった判断論に関する講義草稿などが含まれている。その後、ランドグレーベ（Ludwig Landgrebe 一九〇二―一九九一年）、フィンク（Eugen Fink 一九〇五―一九七五年）、ハイデガー（Martin Heidegger 一八八九―一九七六年）らがフッサールの原稿の編集にあたった。

またシュタインはフッサールの旧稿に目を通していて、整理されないままに放置されていた一九〇五年の講義をもとにした「時間意識」についての合冊を再発見し、出版の準備を進めていたことが、一九一七年の夏のインガルデン宛ての手紙に次のように記されている。

このところフッサールから手渡された草稿に目を通していて、ちょうど今、『時間意識』の合冊を見つけた。時間意識の問題がいかに重要であるかということは、あなたもよくご存じのことだろう。フッサールの『時間意識』の理論は、ベルクソン（Henri-Louis Bergson 一八五九―一九四一年）そしてナトルプ（Paul G. Natorp 一八五四―一九二四年）との対決においても注目すべきテーマである。(21)

当時のシュタインの書簡には、彼女はフッサールが夏休暇を過ごしていた黒い森地方のベルナウまでかけ、夏休みにベルナウに宿泊し、長時間フッサールと議論したことが述べられている。

シュタインの時間意識についての草稿の発見と整理がきっかけとなって、一九一七年秋にはフッサール自身が現象学的時間の問題に取りかかった。しかし、シュタインが整理したこの原稿は彼女の名前では刊行されず、それから一一年後の一九二八年に彼女が整理編集した原稿にほとんど手が加えられないまま、ハイデガー編フッサール著『内的時間意識の現象学』として公刊された。

シュタインはフッサールのもとで仕事をしたフライブルクでの二年間、フッサールの思惟の過程をつぶさに見、議論し、哲学的問題意識を共有することによって、フッサールから真の哲学者の魂ともいうべきものを学んだ。すなわち、一つの概念や体系に固着することなく、つねに披かれゆく精神、客観的な学問としての哲学者の真のあるべき姿を学んだことが、後の彼女の思索に大きな影響を及ぼすことになったのである。

5　シュタインの現象学についての理解

シュタインがフッサールの現象学をどのように理解し、そこから何を摂取したかを見てみることにしよう。シュタインが現象学について論じている箇所を引用する。

フッサールが事象そのものに導き、それらの事象を鋭く精神的な眼差しのうちに保持し、真剣に、忠実に、かつ良心的に記述することへと育成したその仕方は、認識における恣意や傲慢から解放し、素朴で、事象に忠実な、謙遜な認識態度へと導くものである。そのような認識態度は、また先入見からの解放を促し、見いだしたものに相当する囚われのない姿勢に導く。そして彼が意識した哲学的姿勢は、われわれフッサール門下にある多くの者をカトリックの真理へも開かせ、これの弟子の幾人かは、フッサール自身は見いだすことのなかった教会に属する道を歩むことになったが、こうした生き方に門下生を導いたのも彼に負っているのである(22)。

現象学的方法ということによって意味されているのは、すべての哲学的問いに対して答えが準備されている閉じられた思想体系、一つの哲学的体系を打ち立てることではなかった。……現象学はすべての哲学的問題に着手するための可能性を与える。そして、現象学は、いかなる主観的恣意も許されない「厳密な学問的研究」の領域において存立しているのである。(23)

事象それ自体は経験の個別的事物ではなく、語の意味それ自体と同様に普遍的なもの、つまり事物の本質である。事象がわれわれに与える直観は感性的知覚や経験ではなく、特有の精神作用である、フッサールはそれを「本質直観」または「直観」と呼んでいる。現象学は個別諸科学の方法ではなく、事象それ自体に定位している。それゆえ現象学がもたらした変化は、「客観への転向」と呼ばれた。純粋な感性的経験に依拠しようとする「経験主義」に対して、現象学は「本質科学」として特徴づけられている。(24)

これらの引用からも明らかなように、シュタインは「事象そのもの」にかえるという、フッサールの哲学的な方法論を受け入れ、ここに現象学の意義を見いだしている。事象とは経験の事物ではなく、感性的知覚によって捉えられるものでもなく、理念であり、それは固有の精神作用である本質直観によって把握される。主観的恣意による観念論や経験主義から区別され、「本質科学」であることに、現象学の本来の意義があり、それは「客観への転向」である、とシュタインは理解する。このような現象学についての理解は、ゲッティンゲン学派のフッサールの弟子たちに共通する考え方であり、経験主義やカント主義からの離反である「客観への転向」という根本的な方法論においては、フッサール門下の現象学者の考え方は一致していた。シュタインはこのようなフッサールの方法論がフッサールの門下にあった哲学者をカトリックの真理へと導く土台となったと見ている。フッサールの方法論は単なる哲学的方法論にとどまるのではなく、囚われのない、真理へと開かれた姿勢と生の真摯さをもたらし、こうした現象学的な見方の土壌から、自身もカトリックとの邂逅へと導かれたとシュタインは考えている。

フライブルク大学での助手としての生活も二年目に入る頃になると、シュタインは次第にフッサールに従属する仕事ばかりをこなしていくことに、耐えがたいものを感じるようになっていた。十分な生活費が稼げないということよりも、自分の研究を深める時間がなかったからである。このころから、フッサールとシュタインとの協力関係にひびが入りはじめたようである。シュタインは草稿をめぐってフッサールと協議していた際に、しばしば意見の衝突が生じたことにふれている。さらにシュタインはフッサールとの関係を、学問的なレベルでは対等の立場にある協力関係だと考えていたため、反論や批判を表明することを辞さなかった。特にシュタインにとって受け入れ難かった点は、『イデーン』第一巻以降、フッサールが超越論的観念論に傾いていったことである。シュタインは一九一七年頃からキリスト教の信仰に近づくようになっていった。この内面的な変化は次第にシュタインの現象学に対する見方に影響を及ぼし、シュタインは、哲学の出発点を超越論的に純化された意識に求めるフッサールの観念論的現象学と相容れない方向性を見いだしていったのである。[25]

フッサールとシュタインの関わりに軋轢が生じた決定的な点は、両者の協力関係についての考え方の相違にあった。一九一八年二月、インガルデンに宛てた手紙のなかには、次のように記されている。

> 私は助手という立場で今後もフライブルクにとどまり、『哲学および現象学研究年報』の編集やその他の原稿整理の仕事を続けることはしたくないという意向をフッサールに伝えた。根本的に一人の人に従属して、その人の思い通りになるような仕事を続けることに、もはや私は耐えられなくなっていたのである。私は誰かに対する愛のためにすべてのこと

をしたい。しかし、ある人に従属し、仕えるということはできない。もしフッサールが私のことを仕事上の協力者として受け入れてくださらないならば、私はフッサールとの関わりを持続することができないのだ[26]。

一九一八年二月、シュタインはフッサールの助手を辞した。一九一九年、カウフマン宛てた手紙のなかで、フッサールに対する真情を次のように吐露している。

もっとも苦しまなければならないのは、フッサール自身でしょう。なぜなら彼は、学問研究のために人間らしさを犠牲にしなければならなかったのだから……。しかし一切のことを超えて私にとってフッサールは、人間的な弱さとは無縁の師でありつづけた[27]。

フッサールとシュタインとの仕事上の関係には終止符が打たれたが、その後もシュタインのフッサールに対する敬意は変わらず、二人の学問的交流は続いた。一九一九年一月、シュタインの後任としてハイデガーがフッサールの哲学第一研究室の助手に任命された。ハイデガーの任命はフッサール自身の希望によるものであったが、フッサールのハイデガーに対する高い評価は、後になって公刊されたハイデガーの著書『存在と時間』の註解においても明らかなことである。

フッサールは一九二一年に、インガルデンに宛てた手紙のなかで次のように記している。

エディット・シュタイン嬢のことについてあなたが知らせてくれたことは、私を苦しい思いにさせる。私の真情を直接彼女に伝えようとは思わないが、信仰への帰依は不幸なことである。それは、魂の内的悲惨さを表しているからである。真の哲学者は、いつも自由でなければならない。哲学の本質は、もっとも究極的な自律にあるのだ。(28)

シュタインの宗教的な真理への接近とキリスト教への入信が、次第にフッサールの哲学的立場との距離をもたらすようになったことは確かであろう。

シュタインにとって、哲学による真理探究の道は、信仰を遮断し、自然的、客観的認識によってのみ論究しようとする現象学の立場にのみ留まるものではない。哲学の絶対的出発点は第一の真理である神に求められるものとなる。フッサールの助手としての仕事が、シュタインにとって最終的な献身の対象とはなりえなかったように、シュタインの哲学は、超越論的に純化された意識としての主観を哲学的探究の中心に据える自我中心的な方向をもつ現象学の立場から、一線を画すようになるのである。

しかしながら、シュタインにとって現象学から学んだものはその後の彼女の思惟に決定的な方向性を与えた。現象学はシュタインにとって、「事象」にもとづく客観的な本質科学であり、あらゆる哲学的問題に対峙する可能性を披いてくれるものであった。シュタインは現象学を基点として、後になって中世のスコラ学、トマスの思想と出会い、またカルメル会のキリスト教神秘へと思索を深めてゆくのである。シュタインにおいて現象学の思惟と方法論は、後年、形を変えつつも彼女の思想の基底をなすものであり続け、事象へと肉迫する現象学的な見方は、彼女の思想全体の立脚点であることに変わりなかったのである。

第三章　信仰への歩み

1　精神的危機から宗教的世界への開眼

この章では、エディット・シュタインの幼少期から青年期にかけての内的生活を宗教と信仰との関わりにおいて見てゆく。

敬虔なユダヤ教徒の家庭に育ったシュタインは、家族そろってシナゴーグに行き、礼拝に参列していたが、一三歳になったときに、祈ることはやめ、無神論者になるということを決意する。これは、彼女自身の意志による初めての宗教的決断であった。シュタインの「祈ることをやめる」、「無神論者になる」という決意は、形式的で実存的な決断をともなわない宗教行為からの訣別を意味した。その時から彼女自身の内面においては、自分自身の生きることの意味を問う、真の求道生活が始まったのである。それ以降、シュタインは二一歳までの間、無神論者であったと告白している。

無神論者であることを決意したシュタインは、この時期から人間の精神、魂の問題に関心をもつようになり、心理学、哲学の勉強を始めた。シュタインは現象学の創始者であるフッサールのもとで学ぶため、ゲッティンゲン大学へ移り、そこで幾人かのキリスト者の哲学者に出会うことになる。フッサールの講師をしていたアドルフ・ライナッハ、またヘードヴィヒ・コンラート＝マルティウス（Hedwig Conrad-Martius 一八八八―一九六六年）[1]、カトリックの哲学者マックス・シェーラーらと親交をもち、彼らから学問的影響のみならず人格的陶冶をうけた。キリスト者の教授、学友の日常生活、生き方にふれることを通して、彼女は次第にキリスト教を生きる世界へと入ってゆくのである。シュタインの求道生活は突然に起こった回心ではなく、実存の深みにある促しが少しずつ芽を出してゆくプロセスであった。このころからシュタインは、生活のすべてを学問的な真理探究に向けるだけでなく、自分の生そのものを「そこに向かって与えること」、Hingabe すなわち「献身」を生きるようになるのである。

シュタインにとって、ゲッティンゲンでフッサールの私講師であったアドルフ・ライナッハとその妻アンナ（Anna Reinach 一八八四―一九五三年）との邂逅は、信仰への歩みの転機をもたらした。ライナッハはシュタインがゲッティンゲンで哲学の勉強をはじめた一九一三年、フッサールの門下生の世話や指導をしていた。彼女はライナッハの家を初めて訪問した時のことを次のように回想している。

ライナッハのように真の善意で私を受け入れてくれた人にこれまで出会ったことがなかっ

た。長年つきあってきた親戚の人や友人が愛情深い態度を示してくれることはあった。しかし、ライナッハとの出会いで体験したものは、何かまったく異なるものであった。それは私にとって、まったく新しい世界をはじめて垣間見させてくれるような経験であった。(2)

シュタインが「まったく新しい世界」と述べているものは、信仰に生きる人間の姿、そして献身と愛に生きる信仰者の生きざまをライナッハに見たということであろう。ライナッハは一九一五年に第一次世界大戦に従軍し、その翌年の一九一六年に妻のアンナとともにプロテスタントの洗礼を受けている。シュタインがライナッハとの交わりを深め、その感化を受けるようになったのはこの時期であった。シュタインは、フライブルクで一九一六年五月にフッサールの助手としての仕事を開始し、フライブルクとゲッティンゲンの間を行き来し、仕事の面でも私的生活の面でもさまざまな困難にぶつかっていた。フッサールの助手としての仕事は多くの労力と時間を必要とした。シュタインはフッサールの膨大な手書き原稿をもとにして、論文や著作を作成しなければならなかったが、何よりも彼女を苦しめたのは、フッサールとの間の協力関係についての意見の相違であった。フッサールとの師弟関係はシュタインが望んでいたような対等で人格的な関わりによるものではなかったことに対する失望も大きかったようである。彼女はフッサールのもとでの仕事を続けることに困難を感じながらも、助手として仕事を精力的にこなしていた。フッサールが「時間意識」に関する草稿(3)をもとに後になって出版される『イデーンⅡ』の土台となった草稿をまとめることができたのも、彼女の協力なしにはできなかったことである。

この時期にシュタインは、長い間自分の胸に秘して誰にも語らなかった宗教的な問題について、インガルデンに次のように打ち明けている。

神についての問いを引き受けることなしには人格についての教えはありえないと考える。私は神についての問いに関心をもっているのだ(4)。

この手紙の文面からもこの時期にシュタインは次第に宗教的な問題について考えるようになっていたことがわかる。

自分の博士論文(5)を仕上げる仕事と並行してフッサールの助手を務めていたこの時期に、思いもよらぬ知らせがシュタインのもとに届く。アドルフ・ライナッハが一九一七年一一月七日、戦場で死去したのである。この突然の悲報にシュタインは身も心も打ちのめされた。シュタインにとって、尊敬する師であり、学友でもあったライナッハの死は、それまで成し遂げてきたすべてのものが無に帰される経験であった。ゲッティンゲンでの学友であったポーランドの哲学者、ローマン・インガルデン（Roman Ingarden 一八九三―一九七〇年）にシュタインは次のように書き記している。

このところ困難な出来事が続き、これからも先が見えない重圧のなかで、私は自分が平穏とは言い難い状況にあったことをおゆるしいただきたい。今、私が求めているものは心の平安であり、うちのめされている自分への信頼を取り戻すことにある。ふたたび他人のために何かができるという気持ちになったら、私はすぐにあなたにお会いしたいと思っている。最後に私のお別れとともに、あなたのエディット(6)

彼女は愛する人の死を嘆き、悲しんだ。敬愛するライナッハとの死別は、シュタインを悲嘆の淵へとつき落とした。彼女は若くして生を断たれたライナッハを弔い、慟哭に打ちひしがれた。死者と向き合う時、彼女は自分ではどうすることもできない「完全な無力さ」(7)を受け入れ、「長い苦難の時」(8)を耐え忍ばなければならなかったのである。(9)シュタインにとって愛する者の死は、単なる悲嘆ではなく、確かに今ここにいる死者と出会い、感じる時でもあった。そして悲しみの彼方に、言葉を超えた、死者からの確かな呼びかけを感じとったにちがいない。彼女は愛する者の死を通して、新たな信仰の世界へと導かれてゆくのである。

2　キリストの十字架との出会い

シュタインは一九一八年、ライナッハの夫人であったアンナ・ライナッハ(10)から亡き夫の遺稿(11)の整理を頼まれる。遺稿のなかには、ライナッハが第一次世界大戦に赴いていた間の一九一六年四月から九月にかけて執筆された草稿(12)も含まれていて、ライナッハが回心に至った内的歩みを知ることができる貴重な記録でもあった。

宗教的な世界に関心をもつようになっていたシュタインにとって、ライナッハの夫人との出会いは、新たな内的変容をもたらした。夫を戦争で亡くしたライナッハ未亡人は、深い悲しみのうちにありながらも、絶望にうちひしがれることなく、信仰における希望と慰めを湛えていたのである。未亡人の姿はキリストの十字架のもつ意味と悲しみがもたらす恩寵を表していた。そこにシュタインは深い感動と慰めを受けたのである。この時の経験をシュタインは後になって、次のように告白している。

あのとき私は十字架が与える神聖な力にはじめてふれた。キリストの救済的受難によってある教会が、死の棘に打ち勝つ現実を私ははじめてこの目でたしかめた。それは、私の不信仰が崩壊し、ユダヤ教が後退して、キリストが私を圧倒した瞬間であった。その時、まさに十字架の神秘におけるキリストが立ち現れたのだ(13)。

シュタインにとって、「十字架のキリスト」との出会いは、理性による思弁的な理解とは異なり、キリストとの直接的で人格的な出会いであった。突然の伴侶の死に遭遇し、悲しみのうちにも慰めと希望をもって生きるライナッハ夫人との出会いによって、シュタインはキリストの十字架の神秘に全実存を貫かれたのである。それは彼女の生涯における決定的とも呼べる宗教的経験であり、その後の彼女の人生はこの時の経験を転機として十字架のキリストに身をささげること、すなわち「献身の思想」の新たな深まりへと入ってゆくのである。

キリストの十字架に直接出会ったという内的な経験は、シュタインにとって新しい生のはじまりでもあり、主体的受動性における信仰への歩みの出発点となった。シュタインは自己の無力を自覚することによってこそ拓かれてくる世界を知り、信仰における死者との交わりに導かれ、キリストの受難における救いにこそ、死を超える永遠の希望があることを知るのである。

３　回心における共同性

彼女の回心のプロセスを辿ってゆくなかで、もう一つの側面を指摘しておきたい。多くの人々にとってそうであるように、シュタインの求道生活は、一人だけの、孤独な内面の歩みではなかったという点である。彼女はユダヤ人の家庭に生まれ育ち、幼い頃から一家そろってシナゴーグに行き、家庭では家族で祈ることを大切にしていた。彼女の宗教的な素地は幼少期から家族や友人との連帯のなかで育まれていったことを忘れてはならない。さらにシュタインは哲学を学んでいた時期に、マックス・シェーラー、コンラート＝マルティウス夫妻をはじめ、幾人かのキリスト者の同僚、学友に出会い、彼らから受けた影響も大きいものがあった。思想、哲学のみならず、キリスト教を生き、実践している人々との対話と相互交流は、彼女をキリスト教の世界へと向かわせたことは事実であろう。

彼女の回心に決定的な「時」をもたらした宗教的な「原体験」はどのようなものだったのだ

ろうか。前に見たように、ライナッハ夫人を通して十字架のキリストと出会ったことは、シュタインがキリスト教に入る第一歩となった。そしてその三年後に決定的な回心の「時」がもたらされるのである。

友人の哲学者のコンラート＝マルティウス夫妻の別宅で、ある晩のこと夫妻が出かけ、一人でいる時に、彼女は偶然手にとったアビラのテレサの自叙伝を読み、ただちにカトリックの洗礼を受けることを決心したと伝えられている。この出来事については後に詳述することにする。この二つの決定的な宗教体験はシュタインにとって、キリスト教への歩みが人格的出会いによってもたらされたことを語っている。シュタインは、近代西欧の個人主義的な宗教観、個人の内面と実存における信仰のあり方を強調するプロテスタント的な信仰よりも、人々との共時性のなかで信仰生活を歩むカトリック的な信仰理解に近づき、ペルソナ的共同性のなかで、信仰を育んでいったと見ることができよう。シュタインにとって決定的な宗教体験をもたらしたライナッハの死によって、戦争で逝った死者が永遠に消え去ったのではなく、傍らにいるように感じられた。彼女は悲嘆のうちに、完全に受け身の姿勢になったとき、悲嘆が絶望ではないことを知ったのである。死者の姿は見えず、その体にふれることはできないが、以前よりももっと近くにいて、呼びかけてくれる存在である。シュタインはこの原体験とも言えるライナッハの死とそれを超えるものの経験を通して、キリスト教の信仰の根幹である死者と生者の交わり、見えない言葉の世界に生きること、死と復活の真の意味を悟るようになったのである。

アドルフ・ライナッハは、フッサールのもとで現象学を学んだが、青年期にキリスト教と出会い、信仰の道に入った。ライナッハにとって第一次世界大戦での経験は、[14]人間の生と死について思い深めるきっかけになった。実際に戦争から戻ったその年の一九一六年、彼は妻とともにゲッティンゲンでプロテスタントの洗礼を受けている。戦争から帰還したライナッハは死への恐怖におののき、ただちに洗礼を受けることを望んだので、洗礼の準備に時間を要するカトリックよりもプロテスタントを選んだようである。しかしながら妻のアンナは夫の死後、一九二三年にカトリックに改宗し、シュタインが黙想に通っていたボイロンのベネディクト修道院の在俗会員となり、アドルフ・ライナッハの妹のパウリーネ・ライナッハ（Pauline Reinach）も一九一八年にカトリックに改宗し、後にカトリックの修道女となった。シュタインは、キリスト教への求道の途上、アンナ夫人ともライナッハの妹のパウリーネとも精神的な交流を重ねており、宗教的探求を共有し、相互の影響を受け合っていたと思われる。

シュタインは、仕事の面でも人間関係においても八方ふさがりの状態にあって、自分の無力さに打ちのめされながら、ただちにキリスト教に入信することは決めず、時が熟するのを静かに待っていた。この時期にシュタインは大学教授資格申請論文の執筆に精力を傾けるが、二度にわたる試みにもかかわらず、具体的進展には至らなかった。(15)

4 宗教的経験としての「神のうちに安らうこと」

一九一八年から一九二一年にかけてシュタインが大学教授資格申請の準備として執筆した論文のなかには、この時期の彼女の宗教体験を知る手がかりとなる重要なテクストがある。

神のうちに安らいでいて、すべての知的活動から完全に解き放たれた状態がある。そのような時には将来の計画を立てることもないし、何らかの決断をしたり、活動をしたりすることもない。むしろ将来のすべてのことを神の意志に委ねて、「運命のなすままに自分を完全にまかせる」のである。このような状態は、私の力を越える経験の後で与えられ、私の精神生活を完全にそぎ落とし、すべての活動性を私から奪ってしまうかもしれない。このように生の力が失われ、活動性が奪われるのに対して、「神のうちに安らうこと」は、まったく新しく独自なものである。生命力がなくなるということは、いわば死の静けさである。それに対して、神のうちに安らうという経験は、守られた存在であるという感覚（das Gefühl des Geborgenseins）であり、すべての不安や責任と義務から解き放たれている。そしてこの感覚に自分自身を明け渡す時、新しい生が神のうちに安らうことに身を委ねるにつれて、私は次第にいのちで満たされ、何も強いられることなく、新しい活動性へと導かれる。このいのちの力の流入は、私自身にはよらないが、私のうちで働く活動性と力の顕われであるように感じられた。(16)

ここでシュタインは、「神のうちに安らう」（Ruhen in Gott）という状態について自分自身の経験を内省しつつ記している。(17) 彼女は「いのちで満たされ、新しい活動性へと導かれた」と告白している。「宗教的出来事」(18) としての「神のうちに安らう」ことは、彼女が敬愛するライナッハの哲学的著作のなかに頻出する表現である。(19)

このテクストには、キリスト教への回心へと導かれるシュタインの内的な変容と新たな霊的な境地が明らかにされている。それまでのシュタインの思惟は自我を中心としてすべてを捉えていく営為であったのに対して、「神のうちに安らう経験」は「すべての知的活動から完全に解き放たれた」状態をさす。つまり、「神のうちに安らう」ことは単なる感覚的な状態をさすのではない。自我によってすべてを掌握しようとする思惟を解き放ち、神が自分のなかに入ってくることに身を委ねることによって、「いのちで満たされ」、「いのちの力が流入し」、「私自身によらない活動性」が現れてくる。ここでシュタインの言う「安らかさ」は、魂の完全な受動性であると同時に、神の人間の魂への直接的な働きかけによって拓かれてくる、新たな境地を指し示している。「安らかさ」は魂が本来の場に落ち着いたことによって得られる恩寵体験でもあり、「神のうちに憩う」という詩編の祈りの言葉に通じるものであろう。「私たちの心はあなたのうちに憩うまで、平安を得ることはない」[20]というアウグスティヌスの告白にも共時的に連なってゆくものである。

一九一八年五月にローマン・インガルデンに宛てた手紙には次のようにある。

私は生活の外的な条件からある程度自立することのできる支えを見つけることができた。[21]

また一九一八年に姉のエルナへ宛てた手紙には次のようにある。

私に与えられた新しい力によって、私は過去の歳月に経験したすべてのことを、以前には

考えられないほど肯定的に受け取れるようになったのである。(22)

彼女はライナッハという師友との出会いを通して、そして彼の死に遭遇し、彼との時空を越えた永遠の交わりへと導かれていることを経験していたことであろう。「神経験」(Gotteserlebnis)としての「神のうちに安らう経験」(Erlebnis des Geborgenseins in Gott)という表現は、当時シュタインが精読していたライナッハの哲学的著作に頻出する。(23)このことは、シュタインの宗教的経験の独自性を損なうどころか、彼女がライナッハの思想を追体験することによって、己れを越える不思議な交わりへと導かれたことを意味する。シュタインはフッサールからは現象学的思惟を学び、ライナッハからは学と生の統合、そして真の哲学的探究の精神を学んだのである。

5　再　生

一九一八年一〇月にローマン・インガルデンに宛てたシュタインの手紙のなかには、「再生」(Wiedergeburt)という言葉が見られる。

私は以前にもまして、肯定的な意味でのキリスト教への道を歩みはじめている。この新たな道は、これまでの歩みから自由になることでもあり、私はこの新しい生を感謝のうちに受け入れる力を与えてくれる。私は深い意味での「再生」（Wiedergeburt）について語っているのである。この新しい生は、これまでの何年間の私の経験と深くかかわっているので、その経験を葬り去ってしまうことはできないのである。(24)

この手紙からは、シュタインが一九一八年に彼女が「再生」とよぶ重要な宗教的経験を得ていたことがわかる。この経験は、当時彼女が直面していた外的、内的な生活の危機と必然的な繋がりをもっているものの、「再生」が本質的にカイロス的（一期一会的）なものであり、人間の意志を超えたところから贈与された恩寵の経験であることを物語っている。シュタインにとって「再生」は、自我の完全な死、自己の無化よってもたらされた神の創造の働きに与ることでもあったと言えよう。

「再生」という宗教的経験は、たしかに彼女独自のものであり、先に見たように、「神のうちに安らう」という霊的な現実がアドルフ・ライナッハの哲学的著作に頻出しているのとは対象的に、「再生」という表現はライナッハの作品にはまったく見られない。(25)ライナッハが回心をともなう神経験を「変換、転換」（Bekehrung）[26]と呼んでいることはシュタインとの比較において注目されよう。ライナッハは回心を「本来の自己」との「本質的な関係」として、さらには神と自己との関わりの「変換」として捉え、回心を倫理的な関係において理解しているのに対して、シュタインは回心を自己の魂の内奥における神との出会い、内なる命に生かされることとして理解し、より存在論的、形而上学的な回心の道行きを示している。当時のシュタインは、「魂における神（の子）の誕生」を説いたマイスター・エックハルトをはじめとするドイツ神秘主義の伝統にふれることはなかったが、自分自身の神体験を聖書に照らして理解し、「再生」という新たな地平の開披について語っているのではないだろうか。かつてユダヤ教徒として形式的に宗教を実践していた自分を顧み、回心の歩みをあえて新生ではなく、「再生」と呼んだのではないだろうか[27]。哲学的、形而上学的省察として記述されている「神において安らう」という体験は、シュタインにとってその後の霊的生活の基点となる宗教的原体験であった。そして「再生」は一度限りの自己変容ではなく、つねに恩寵によって新しく、創造されてゆく、いわば生涯を賭した道行きなのである。

シュタインは「再生」という恩寵の経験を経た後も、カトリックの洗礼を受けるまでさらに三年を費やすのである。

6　回心が披く霊的地平

シュタインにとって回心へのプロセスにおいて大切なのは、キリストと出会い、そこに深く沈潜し、そしてそこから何かがおのずと湧出してくるのを待つということであった。彼女の回心は、それまでの我執的自我の拠りどころがすべて氷解し、自己の再生に虚心に身を明け渡すことをもたらした。その間シュタインは、キリスト教の教理を理論的に学ぶことよりも、実生活においてキリスト者の祈りのリアリティにふれることを通して、キリスト教のもつ霊的世界、恩寵と交わる場へと導かれていったのである。シュタインにとって、キリスト教に入ることは初めから教理を学ぶことよりも、霊的生活を深めてゆくことであった。

幼いころから慣れ親しんでいたユダヤ教が自己の内面に語りかけるものをもたず、形骸化した宗教になっていたことを悟ったシュタインは、「意識的に祈ることをやめた」と回想している。魂にうったえることのない、うわべだけの信仰は意味がないと考えたシュタインは、無神論者を自称しながら、心の奥底では以前にもまして神を探し求める求道の道を彷徨していたのである。

そのような時期にシュタインがキリスト教の祈りに初めてふれたのは、ブレスラウでドイツ語の勉強をしていた時のことであった。「主の祈り」を古代ドイツ語のゴート語で読んだ彼女は、この「主の祈り」において、自分自身を越える存在との交わりが簡潔明瞭に表されていることに感銘を受ける。シュタインはこのときの「主の祈り」との出会いは、単なる言葉の上の理解を越えた一つの啓示であったと語っている。

さらに学友とゲッティンゲン近郊の山へハイキングに出かけたときに遭遇した光景は、彼女を初めてキリスト者の祈りの姿にふれさせた。友人と一緒に旅に出たシュタインは、人里離れた農家で一夜を過ごす。早朝、その家の主人と労働者がともに朝の祈りを唱え、神の祝福を祈願して仕事に出かけていく姿は、彼女の心に深く刻まれた。

また、偶然あるカトリックの教会を訪問したときのことを、シュタインは次のように回想している。

　私たちは数分間、聖堂に立ち寄った。私たちか畏敬の念をもって静かに聖堂に留まっている間に、買い物かごを手にした一人の婦人がなかに入ってきて、短い祈りを捧げるためにひざまずいた。それは私にとって、まったく未知の世界であった。かつて行ったことのあるシナゴーグやプロテスタントの教会では、教会は礼拝のためだけに使われていた。しかしこの聖堂では、日々の買い物の合間に、親しい人と対話をするかのように、だれもいない聖堂に入ってくる人がいたのである。私はこのときの光景を忘れることができない。(28)

「親しい人と対話するかのように」聖堂に入ってくる人びとの姿を通して、シュタインはキリスト教的な祈りの本質にふれ、「祈りは親しい人との間に交わされる対話である」というテレサの霊性の核となるものを受け入れる素地を培っていった。

シュタインはゲッティンゲン時代、専門の哲学の勉強のかたわら、求道的関心からアウグスティヌス、クレルヴォーのベルナルドゥス、キルケゴール、ルターらのキリスト教著作家の著作に親しんでいた。特にこの時期にマルティン・ルターの著作にもふれ、ルターの恩寵についての理解からシュタインが学んだのは、「神の手に捕えられる」という洞察であった。シュタインはカトリックになって後、「神のみ手に導かれて生きる」というテーマにたびたび言及するようになり、「神のみ手のうちに生きる」ことは、彼女の霊的生活の軸となるのである。(29)

シュタインの求道生活は、人生についての問いを思い巡らすようになった十代半ばからすでに始まっていた。後になってシュタインは、「真理への探求こそが私の絶えざる祈りであった」

と回想している。哲学を勉強するようになったシュタインは、哲学における知的な真理探究の道を目指すが、心の奥底では、知的な真理探究によってのみ自分の魂の渇きが満たされるとは考えていなかった。彼女は知識としての真理のみならず、愛することのできる真理、人格化された真理を追い求めようとしていたのである。

シュタインは、キリスト教の信仰に近づくようになってからも、決定的な回心の時を迎えるまでには、五、六年の歳月を費やしている。シュタインの回心へと至るプロセスは、神について問い、神と対決していた魂が、ついに神自身によって決定的に捕えられた軌跡であった。

シュタインの生涯を貫く情熱と、すべての活動の背後にある一貫した内的動機は、幼少期から晩年に至るまでつねに彼女の生の中心にあって決して変わらない軸でありつづけた。この連関でシュタインの回心は理解されなければならない。彼女の回心は、ユダヤ教から無神論へ、そして無神論からキリスト教へと移り変わったものとして理解されるべきではないだろう。彼女をつねに引きつけてやまなかったものは何か、彼女が生を賭けて追い求めていたものは何か、彼女の生涯を貫いている内的な動機こそが「真理への献身」なのである。シュタインの生涯において、十字架における神と人との原関係という一本の線が力強く引かれている。信仰への道を歩み始めた最初の瞬間から、十字架の祝福を感じとっていた。キリストの十字架は、ユダヤ教を否定するものではなく、むしろ和解をもたらし、神の救いの計画を完成させるものだということをシュタインは知るのである。

求道生活を送っていた時期、シュタインはキリスト教に入信することを決意していたが、具体的にどの教会に属するかということについては、その最終的決断を先延ばしにしていた。シュタインの周囲にはカトリックとプロテスタントの両宗派の友人がいたこともただちに教会への所属を決められない理由であった。しかし、彼女の心のもっと深いところでは、洗礼を受けたあとのキリスト者としての具体的生き方をどのような道で実現させていくかということが、重大な問いであった。神のみ旨が明らかになるまでひたすら待ち望むこと――「人の心には多くの計画がある。しかしただ主のみ旨だけが堅く立つ」（箴言一九・二一）という言葉を内省していたのである。

7　「これこそが真理なのだ」

一九二一年の夏、シュタインの眼から最後の被いが落ち、新たな生がもたらされようとしていた。シュタインは、哲学者のコンラート＝マルティウス夫妻のいるライン地方のベルクツァベルン（Bergzabern）にある別荘に滞在していた。彼女は毎年マルティウス夫妻の家で休暇を過ごすことを楽しみにしていて、日中は果樹園の仕事を手伝い、夜は二人で哲学的なことを語り合っていた。ある晩、夫妻がそろって留守をすることになった。ヘードヴィッヒ・コンラート＝マルティウス夫人は、シュタインに図書室を自由に使ってよいと告げ、出かけていった。

この夜の劇的な回心についての話はよく知られているが、彼女自身の言葉では書き残されていない。ケルンのカルメル会の院長ポッセルトが出版した伝記に書かれていることをもとに、シュタインの回心の内実を辿ってみることにしよう。ケルンのカルメル会修道女、テレジア・レナータ・ポッセルトによって一九四八年、『エディット・シュタイン』という最初の伝記が出版された。この伝記はケルンとオランダのエヒトのシスターたちと、エディット・シュタイン自身から伝え聞いたことをもとに書かれ、後になって出版された多くのシュタインの伝記のいわば底本となるものである。テレジア・レナータ・ポッセルト（Teresia Renata Posselt一八九一―一九六一年）はシュタインがカルメル会に入会した一九三三年に修練長の職にあり、一九三六年からケルンのカルメル会の院長を務めた。シュタインの修道会への召し出しと修道生活を内から知る貴重な証人である。ケルンのカルメル会は一六三七年に設立され、ドイツで最も古い女子のカルメル会修道院である。シュタインが入会した当時、この修道院はケルン郊外のリンデンタール（Lindenthal）にあり、幼きイエス修道院と呼ばれていた。一九四四年に戦火にさらされ、建物が破壊されたため、ケルン市内に移り、それ以降、平和のマリア（Maria vom Frieden）という修道院名になった。シュタインは一九三三年一〇月から一九三九年の大晦日の日にオランダのエヒトの修道院に移る日まで、約六年間をケルンで修道生活を送り、その後アウシュヴィッツのガス室で殺戮されるまでの間、オランダの修道院で最後の三年間を過ごした。

ポッセルトは伝記『エディット・シュタイン』のなかで回心のいきさつについて「エディットは私たちに次のように語った」と記している。

わたしはまったく偶然に一冊の分厚い本を取り出した。その本は『アビラの聖テレサの自叙伝』でした。わたしはそれを読みはじめるや否や、最後まで読み終わるまでその本を閉じることはできなかった。そしてすべてを読み終えたとき、自分自身にこう言ったのだ。「これこそが真理なのだ（Das ist die Wahrheit!）」。(30)

ポッセルトの記述によれば、テレサの『自叙伝』を徹夜して読んだ翌日、シュタインはカトリック教理とミサ典礼書を買い求め、司祭に洗礼を受けることを願い出たとある。シュタインの回心についての記述はポセットがシュタインから伝え聞いた話であるが、後になって出版されたシュタインの伝記に必ず引用される劇的な回心のくだりとなった。

シュタインの回心についてさらに内実を理解するために、われわれは彼女自身が執筆しているエッセイを繙かなければならない。「私はどのようにしてケルンのカルメル会に入ったか」（Wie ich in den Kölner Karmel kam）というエッセイである。このエッセイは、シュタインがナチスの迫害を逃れるためにドイツのケルンからオランダのエヒト（Echt）の修道院に移る二週間前に執筆された。自分自身の内面について明かすことの少ないシュタインがカルメル会に入会するに至った霊的な経験を書き記した貴重な手記である。彼女自身による手書きの原稿はケルンのエディット・シュタイン資料室に保管され、資料室長のシスター・マリア・アマータ・ナイヤー（Maria Amata Neyer）の手により一九九四年に公刊された。このエッセイのなかでシュタインは自分自身の回心について次のように綴っている。

ボイロンでの黙想から戻り十日ほど過ぎたころ、私にある考えがひらめいた。今こそカルメルに入る時が熟したのではないか。ほぼ十二年の間、カルメルは私の目標であった。

一九二一年の夏、聖テレサの『自叙伝』が私の手のなかに落ちた時、真の信仰を探し求める生活に終止符が打たれた。一九二二年の新年に洗礼の秘跡を受けた時、私は洗礼は修道会へ入るための準備なのだと考えた。（傍点筆者）

この記述からは、シュタインの回心はアビラのテレサの『自叙伝』を読んだことがきっかけで、初めからカルメル会への召命と結びつくものであったことがわかる。シュタインはテレサの『自叙伝』と出会う以前から自身の霊的体験について語り、信仰の世界に目を開かれていた。彼女にとって今、自身の生を賭することができる具体的な道が示されたことによって、カトリックの洗礼を受ける決意は疑う余地のない確信になった。テレサがシュタインに与えた決定的な影響は、無神論から信仰への歩みをもたらしたというよりも、信仰生活の具体的な道をシュタインはテレサに見たことにある。シュタインにとって入信し教会に所属することは、将来自分がどのような道を歩むのかという問題、すなわちカルメル会への召命と直結していたのである。

シュタインに新たな道を拓いたのは「本」ではなく、テレサの「生き方」であった。彼女がカルメルで語ったと言われる「これこそが真理なのです」という言葉は、「真理を探し求めることが私の祈りであった」と彼女自身言い放った時の「真理」である。シュタインは、テレサの真摯で、浄らかで、情熱と愛に満ちた生き方に魂を揺さぶられ、「神のうちにある生」を自分自身も歩んでみたいと望むようになる。「真理」はテレサの『自叙伝』が「私の手のなかに落ちた[31]」という表現に見られるように、真理は自分で摑み取るものではなく、無条件にもたらされるもの、開かれてくるものである。それは論理や理性によっては説明できない飛躍であり、向こうから示された真理が時間の流れをせき止め、確信に満たされた恩寵の時であった。

前述したように、シュタインは「聖テレサは私の手のなかに落ちた[32]」と述べている。これは、彼女の思惑をはるかに越えるところからもたらされた、たしかな恩寵の経験であったことを物語ってる。シュタインに「これこそが真理なのだ」と言わしめたものは何だったのだろうか。この問いに対して、友人のヘードヴィッヒ・コンラート＝マルティウスに次のように答えている。

わたしの秘密はわたしのものです "Secretum meum mihi[33]"

シュタインの回心の経験はあるゆる言語表現を凌駕する、誰にも語り尽くすことのできない経験だったのである。

シュタインは夜を徹して『自叙伝』を読み、翌朝早速カトリック教理の本とミサ典礼書を買い求め、すぐにその内容を勉強し始めた。彼女は、その教理の本に書き記されているカトリックの教えについて学んだ。そしてシュタインは初めてミサに与かるために、近くの教会へ行ったのである。シュタインの回想は続く。

私に理解できないものは何もなかった。前もって十分に勉強して行ったおかげで、儀式の一部始終を理解することができた。威厳のある老司祭が、祭壇で恭しくミサを捧げていた。ミサの後、司祭が感謝の祈りを終えるのを待って、私は司祭館へ行き、単刀直入に洗礼を授けて下さるように願い出た。司祭は驚いた様子で私を見つめ、教会に受け入れられるためには準備が必要なのだとお答えになった。そして「あなたはカトリックの信仰についてどれ位学んだのですか。誰から習ったのですか」と尋ねになれた。私は「神父様、どうぞ私にカトリックの教理のことについて何でもお尋ねください」とお答えするのが精一杯だった。(34)

その後、司祭はカトリックの教義についての質問を試みたが、シュタインがカトリックの教えについて完全な知識をもっていることを知って、感嘆するばかりであった。シュタインの上に神の恵みが注がれていることを知った司祭は、シュタインの望みを受け入れて、洗礼を授けることを許可したのである。洗礼を受けるまでの間、シュタインは祈りのうちに自分のすべてを神に捧げる準備をした。ヘードヴィッヒ・コンラート＝マルティウスの証言によれば、この時期にシュタインは毎朝ミサに通うようになったという。彼女は、カトリックの聖体の秘跡を通して神との親密な交わりを深めていった。キリストのからだである聖体におけるキリストの現存は、神との神秘的で実在的な交わりと一致へと導くものである。キリストの実在的で確かな愛に満ちた現存は、聖体の秘跡のうちにあるとシュタインは信じていたのである。神の愛の奔流に身を委ね、キリストの招きに応えて、ミサにあずかり主の聖体をいただくことができる日をシュタインは待ち望んでいたのである。

8　洗礼とカルメルへの招き

一九二二年の一月一日、シュタインはカトリックの洗礼を受けた。その日は、キリストが父なる神に受難の初穂を捧げられたイエスの割礼の祝日にあたっていた。シュタインが洗礼を受けたベルクツァベルンの教会の洗礼台帳には、次のような記録が残されている。

一九二二年一月一日、エディット・シュタインは洗礼を授けられる。三〇歳。哲学博士。一八九一年一〇月一二日、ブレスラウにて出生。ジークフリート・シュタインとアウグステ・シュタインの娘。彼女は十分な準備と勉強の末、ユダヤ教から改宗した。洗礼名はテレジア・ヘードヴィッヒ。代母は、ヘードヴィッヒ・コンラート＝マルティウス博士。以上、証明する。(35)

シュタインの洗礼の代母（洗礼に立ち会う証人）となったヘードヴィッヒ・コンラート＝マルティウスは、プロテスタントだったが、シュタインの望みによって、司教の許可を得て、代母をつとめた。マルティウスの証言によれば、洗礼を受けた時シュタインは、洗礼式のなかの洗礼の望みの表明、信仰告白を断固とした決意をもってラテン語で唱えたという。そしてマルティウスは、「エディットは、子供のように幸福に満たされ、それは美しい光景であった」と回想している。洗礼のあとシュタインは初聖体を受け、彼女の全存在はキリストの現存で満たされた。その日からキリストのからだは、シュタインのパン、いのちの糧となったのである。翌月の二月二日主の奉献の祝日に、シュタインはシュパイアーの司教によって堅信の秘跡を授けられた。

シュタインにとって、回心への歩みと、それに続く洗礼と信仰生活は神と自分との関わりのうちにのみ留めておく事柄であった。そのためシュタインは、自分の内面について多くのことを語ろうとしなかった。神のみが知る自分の心の聖所とでも言うべきものを、シュタインは打ち明けることはなかったのである。シュタインの回心は他者に語ることができない心の内奥に、神が自らを示した出来事だったであろう。あらゆる言葉が沈黙したところで、もたらされる神と人の交わりについて、アビラのテレサは次のように述べている。「祈りとは、自分が神から愛されていることを知りつつ、その神と二人だけで、たびたび語り合う親しい友としての交わりにほかならない。」（『自叙伝』八章五）

これまでシュタインはひたすら哲学研究によって真理探究の道を歩んできた。ここに来て、真理は知り、考える対象にとどまらず、信じ、愛する道となったのである。「わたしは道であり、真理であり、命である」（ヨハネ一四・六）というキリストの言葉は、今、シュタインにとって真実のものとして実感されたのである。シュタインが回心のときに与えられた真理は、自分の掌中にあって、つかみ取るものではなく、その後の生き方の出発点となり、人生を導く光であった。シュタインにとって究極的な「真理」は、キリストにおいて人格化された真理にほかならない。だからこそシュタインは、アビラのテレサの生き方のうちに愛をもってキリストに従うという、最も徹底したキリスト者の道を見出したのである。(36)

たしかに、シュタインとテレサの間には時代的には四百年以上の隔たりがあるが、本質的な点においては共通点も多い。テレサは、愛情深い情熱的女性だったようである。修道院の囲いのなかだけに閉じこもることなく、灼熱の太陽の下で、新しい修道院の創立のためにスペイン各地を歩いて旅するという、並みはずれた行動力をもっていた。一方シュタインは、哲学研究のためにドイツ各地で勉強し、類いまれな能力と努力をもって、男性と肩を並べて哲学界の第一線で活躍した。その熱意と行動力はテレサに勝るとも劣らないものがあった。この二人の女性に共通しているのは、キリストの道に従うためには、どのような十字架をも辞さないという全き自己奉献の生き方であった。神のためにのみある――それはテレサにとってもシュタインにとっても、カルメル会での祈りの生活において実現されるものであった。

シュタインの回心は、キリストへの全き従順と、祈りの生活への招きを意味していた。神のみ手にすべてを委ねることは単純なことであるが、実際にその道を生きるということは容易なことではなかった。シュタインの前には長い受難の道が待っていたのである。しかし、「これこそが真理なのだ」という言葉を放ったとき、洗礼の水が注がれた瞬間にシュタインを照らしたあの清澄な輝きは、いつどこでも、教壇に立つときも、修道院で祈るときも、そしてこの世での最期を迎えるときも、決して消えることがなかったのである。シュタインは洗礼を受けてカトリックになったときから、自分の生涯を神に献身する覚悟をしていた。新しい生活はシュタインにとって、神の愛のうちに生きるという深い喜びをもたらすものであると同時に、キリストの十字架を自ら担っていく道は受難の道であった。

洗礼を受けた後、シュタインが最初に引き受けることになった十字架は、娘の洗礼のことを知らされた母の悲嘆にくれる姿であった。母は誕生以来、シュタインにとって心の最も深いところで結ばれている人、すべてを慈しんで育んでくれた暖かさの源、信仰の導き手であった。お互いどんなに忙しいときでも、週に一度の文通は欠かすことのない間柄だった。その最愛の母との間に、今、信仰における亀裂が生じようとしていた。シュタインはカトリックになったことを母に告げるために、故郷のブレスラウへ帰った。

二人の対面は感極まるものであった(37)。シュタインは、母の前にひざまずいて、こう告白したのである。「お母さん、私はカトリックになりました」。一瞬、沈黙が支配し、母の口からは叱責や勘当の言葉は出てこなかった。母は押し黙ったまま、両手をふるわせて泣き出したのである。シュタインはこれまで母がこのように自分の感情を露わにして泣いているのを見たことがなかった。母は人前では決して涙を見せたことのない気丈な女性だった。しかし、ユダヤ教の信仰と別の道に、娘が入ろうとしていることを知った母の目からは、涙がとめどなくあふれ出たのである。シュタインも一緒に泣いた。母と娘は、お互いが何ものかによって引き裂かれていくことを感じないではいられなかっただろう。しかしそれでも、心の奥底で堅く結ばれていることを、ともに泣きながら確かめ合っていた。

シュタインの家族の一人は、次のように記している。

私たちは皆、エディットがカトリックになったということを知って唖然とした。エディットの行動と、母の反応のどちらにより驚いたのかわからない。私たちは知っていた。カトリックは、この地方では最も低い社会層の人々の間で信仰されていること、そしてただ跪いて、司祭の足に接吻するようなことばかりしているのだと思っていた。私たちには、エディットのような高貴な魂の持ち主が、どうしてこのような迷信的な宗教に飛び込んだのか理解できなかった。(38)

ユダヤ教とキリスト教は現在では同じ唯一の神を信仰する宗教と見なされているが、第二次世界大戦前のヨーロッパにおいてはこの二つの一神教は対立する宗教だと考えられていたのである。シュタインはユダヤ人の家庭に生まれ、ユダヤ教の信仰をもつ敬虔な母に育てられた。カトリックになったシュタインは、このときからユダヤ教とキリスト教の分断を自分の身に引き受ける運命にあることを悟っていた。シュタインにとってカトリックの洗礼を受けたことは、ユダヤの民との連帯性を損なうものではなかった。キリスト教徒になることによって、シュタインは、以前にもまして自分がイスラエルの民に属していることの深い意味を悟るようになったのである。シュタインは次のように述懐している。

私は一四歳のときに、ユダヤ教の信仰を実践することをやめた。そしてその後、神への信仰に立ち帰ったとき、自分がイスラエルの民、ユダヤ人であるということを自覚するようになった。私は、自分が霊的のみならず、血統によってもキリストに連なる民族に属しているのだということの意味を考えるようになった。(39)

一九二二年にブレスラウへ帰ったシュタインは、彼女のカトリック入信を知った母の心痛を慰めるために、それから六か月間家で過ごした。シュタインは自分がカトリックになったことによって、イスラエルの神に背いたのではないことを、毎日の生活を通して母に納得させたかったのである。そこでシュタインは、何度も母と一緒に会堂へ行き、ユダヤ教の礼拝にともに与かった。シュタインは会堂でヘブライ語の詩編が祈られているとき、カトリックの聖務日祷書を取り出し、ラテン語で書かれている同じ詩編を唱えた。シュタインの母は、最愛の娘が祈りに深く潜心している姿を見て、非常に心を打たれ、次のように言い放った。「私はエディットのように祈っている人を見たことがない」(40)。全身全霊で祈るシュタインの姿は、母の心を動かすものがあった。またシュタイン家の知人の一人で、カトリック信者の女性は次のように回想している。

シュタイン夫人はこう話してくれた。彼女はエディットに起こった変化と、エディットの全身が超自然的な光を受けていることを認めないわけにはいかなかったのである。信仰深い女性であったシュタイン夫人は、娘からあふれ出る何か聖なるものを、それが何であるかは理解できないまでも、たしかに感じとっていた。娘がカトリックになったことによるシュタイン夫人の心痛は消えることはなかったが、ただ彼女は恵みの神秘を前にして自分が無力であるということをわかっていた。私たち周囲の者の目から見ても、エディットは新しく生まれ変わったようであった。家のなかではエディットは以前と同じように家族や友人と交わり、愛情と親しさをもって人々と接していた(41)。

シュタインは洗礼を受けてから、恩寵によって新たにされていった。それは外見に表れる劇的な変化ではなかったが、恩寵に導かれている人のみが放つ聖性とでも言うべきものが彼女からはあふれていたのである。シュタインは、祈ることと、主の食卓に与かることを何よりも愛していた。彼女はブレスラウの家で過ごしていた間も、早朝のミサに通うことを欠かさなかった。シュタインは毎朝教会に出かける時、家族の者に知られないように、誰も起き出していない早朝の五時前に、そっと家を出るのだった。しかしシュタイン夫人は、家のドアが閉められる音を聞いて、そのたびに娘が自分の知らない世界へと旅立っていくような悲しみと寂しさを感じずにはいられなかった、と知人に告白したという。母と娘の心の絆は、どのような地上的な隔たりによっても切り離されることがないほど強いものである。シュタインは母の苦しみがわかればわかるほど、その苦しみをともに分かち合うことにより、以前にもまして母と深いところで一つに結ばれていった。信仰の神秘がもたらす一致と和解であった。ユダヤ教とキリスト教は信仰する神は一つであるということを身をもって感じていた。

神の選びには、つねに人間の理解を越える神秘があるが、シュタインは洗礼を受けた時から、確かな神の呼びかけを感じていた。しかしシュタインは、自分の心のなかにある促しや望みについてはほとんど話すことがなかった。洗礼のときの代母をつとめたヘードヴィッヒ・コンラート＝マルティウスや彼女の周りにいたキリスト信者の友人でさえ、シュタインが自分の将来について何を考えていたのか知らなかったのである。霊的な事柄を他の人に語ろうとしないシュタインの傾向は変わることがなかった。しかし興味深いことに、シュタインは幾人かの霊的指導司祭に対しては自分の心のなかで起こる促しや霊的生活の詳細について全面的に打ち明けて、その指導を仰いでいた。どのように神秘的体験に恵まれ深い祈りの道を歩んでいる聖人であっても、霊的指導者や同伴者の助けなしに霊的生活を歩み続けることは難しい。シュタインは洗礼を受けた後、幾人かの優れた霊的指導者に出会うことができた。

洗礼を受けた後、シュタインが出会った最初の霊的指導者は、シュパイアーの補佐司教、ヨゼフ・シュヴィンド（Joseph Schwind 一八五一―一九二七年）であった。シュタインは一九二二年二月、シュパイアーの大聖堂で堅信を受けたときに、この司教と出会った。それ以降一九二七年にシュヴィンドがこの世を去るまでの間、シュタインはシュヴィンド司教の指導のもとで、信仰生活を深めていったのである。先にも見たように、シュタインが洗礼を受ける直接のきっかけとなったのは、アビラのテレサの『自叙伝』を読んだことであった。そのときシュタインはテレサの生き方に強く惹かれるものを感じ、自分の洗礼名にテレサ（テレジア）を選んだ。シュタインは洗礼を受けた当初からカルメル会への導きを強く感じていた。神のみが現存する魂の砂漠に身を置き、観想生活を通してキリストの十字架に従う道がカルメル会の修道生活であるとシュタインは考えた。カルメル会への入会の意志について、シュタインは周囲の人々には明かすことはなかった。後になって彼女は次のように告白している。

洗礼を受けてから十二年のあいだ、カルメルは私の目標であった。神はカルメルでしか見いだすことのできない何かを、きっと私のために用意していてくださるといつも確信していました。(42)

シュタインにとって、洗礼を受けたことはカルメル会への召命と直結していた。しかしながらシュタインの霊的指導者であったシュヴィンド司教は、彼女にカルメル会への入会を待つように説得した。シュタインの学問的能力を高く評価していた司教はシュタインが一般社会にとどまって活躍することによって人々と教会のために貢献できると考えたからである。シュタインが修道院に入ることを思い留まったもう一つの理由は、彼女の最愛の母のためであった。

当時のいきさつについてシュタインは次のように述懐している。

私は一九二二年の元日に洗礼を受けたとき、これは修道生活に入るための第一歩だと考えた。しかし受洗した後、母に会ったとき、母は娘が修道院へ入るという打撃には耐えられないだろうと思った。そのようなことになれば、母は死の苦しみを受けることになり、カトリック教会に対して終生忘れることのできない反感を抱くに違いないと思われた。そのようなことに私は耐えられないと考えたのだ。(43)

シュタインは母の心痛を思いやり、霊的指導者の助言にしたがって、カルメル会へ入ることを思いとどまった。シュヴィンド司教は、彼女がカトリック的な雰囲気のなかで仕事ができる場を捜した。ちょうどそのころ、シュパイアーにあるドミニコ会系の女子高等学校がドイツ語と歴史を教える教師を求めていた。カトリック的な雰囲気のなかで修道女たちとの交わりを通して信仰生活を深めることもでき、また教育という使徒的活動を実践する機会にもなると考え、シュタインがそこで教職につくことを勧めた。さらにこのような環境では教職につきながら、学問研究を続けることも可能であると思われた。

シュタインは一九二三年の春、シュヴィンド司教の勧めを受け入れ、シュパイアーの聖マグダレナ女子高等学校へ赴任することになった。

第四章　教育者として生きる

1　シュパイアーでの教員生活

エディット・シュタインが、一九二二年から一九三一年にかけての八年間を過ごしたシュパイアーでの生活は、静かな時の流れのなかで、これまでの学問的探究と信仰生活の実践を統合するときであった。彼女の人生のなかで、シュパイアーでの教職時代ほど、内的にも外的にも落ち着いた深まりを見せている時期はないと言ってもよいだろう。シュタインは教職生活のなかで祈りを深め、カトリック教会の信仰生活になじんでいった。教職生活を通して信仰を実践し、祈りを活動の場で生かしていくことが求められたのもこの時期である。さらに聖トマスの思想に出合い、キリスト教哲学という新たな課題に取り組み、学問と信仰の関わりについての思索を深める機会を得ることができた。シュタインは、これまでのようにすべてのことを自身の手によって摑み取るという姿勢から、あらゆる出来事を信仰のうちに受けとめて、恵みの日々を過ごすことの喜びを知るようになるのである。シュパイアー時代のシュタインの生き方は、日常生活を通して祈りを深めてゆくこと、教育者として歩むこと、さらに学問と信仰の世界に生きることという多面的な面を見せてくれる。

シュパイアーは、ドイツ中央部ライン河畔に面した人口五万人ほどの美しい街である。その歴史は紀元前に遡り、シーザーがライン地方に勢力を伸ばし、この街をその支配下に治めた。その後シュパイアーはキリスト教文化の中心地となり、一一世紀にはコンラッド二世によって大聖堂が建立された。その聖堂はドイツで貴重なロマネスク建築の司教座聖堂として知られ、教皇ヨハネ・パウロ二世もドイツを訪問した時にこの大聖堂でミサをささげた。小さな街の中心にある清楚で美しい大聖堂はおのずと人々の心を神に向かわせる。

シュタインはシュパイアーの大聖堂でたびたびミサに参列し、カトリックの雰囲気に親しむようになった。そしてシュタインは大聖堂から歩いて数分のところにある聖マグダレナ女子学院の敷地内のドミニコ会の修道院に居住することになったのである。このドミニコ女子修道会は一三〇四年にシュパイアーで創立されたドイツ系のドミニコ会で、「聖マリア・マグダレナのドミニコ会」という名で知られていた。シュタインが生活していた部屋は、今もその修道院の二階の奥に当時と同じたたずまいを残している。簡素な部屋で、そこにはシュタインの使った机と本棚、箪笥と洗濯台、そして来客用の椅子が置かれている。食事は修道院から支給されていた。生活に必要な最低限の費用を除いて、シュタインは一切の俸給を受け取らなかった。聖堂のある修道院に住まい、修道女とともに祈りの雰囲気のなかで生活できることは彼女にとって何にも代えがたい喜びであった。

聖マグダレナ女子学院での仕事は、シュタインの教育者としての資質を大きく開花させた。彼女はフライブルク大学で助手時代に、若い学生の指導に当たったことはあったが、全人格的な教育が求められる場で、教鞭をとる機会は初めてであった。シュタインは聖マグダレナ女子学院で将来教職に就くことを目ざしている女子生徒を相手に、ドイツ語、文学、歴史を教えることになったのである(1)。

シュタインの教育者としての力量がいかに優れていたか、そして彼女自身の人格が生徒たちにどれほどの感化をもたらしたかということについては、教師としてのシュタインを知る多くの人々の証言が雄弁に語っている。興味深いことに、シュタインの死後、彼女の生涯に人々の関心が集まるようになり、列福調査が始められるきっかけをつくったのは、カルメル会修道女たちではなく、シュパイアーでのシュタインの教え子と教師のグループであった。教育ということは、見えないところで種を蒔くような仕事であり、教師としてのシュタインは多くの人々に有形無形の感化を与えたのである。

シュタイン自身はシュパイアーでの教員生活がどのようなものであったかについて個人的にはほとんど書き記していない。ここで何人かの教え子たちの回想を見てみることにしよう。

当時私は一七歳で、シュタイン先生はドイツ語を教えてくださいました。ほんとうのことを言えば、先生は私たちにすべてのことを教えてくださったのです。私たちは当時若かったのですが、先生の人格からあふれる魅力は、私たちの心に刻みこまれていて忘れることができません。先生は毎日、聖堂で決まった席についてミサに与かっていらっしゃいました。そのお姿からは、信仰に生き、それを生活と完全に調和させるということが、どのようなことなのかという模範が滲み出ていました。私たちは批判的な年ごろでしたから、実際にどのような行動をとられるかによって、先生を理解しようとしていました。私はシュタイン先生がおっしゃった言葉を思い出すことができません。それは先生のお言葉が私の心に残らなかったからではなく、先生は落ち着いた静かな方でいらっしゃいましたので、先生の存在そのものによって私たちを導かれました。先生は優しさと公正さをもって私たちを諭されました。私たちが接したシュタイン先生は、いつも落ち着いていらして、穏やかで物静かでいらっしゃいました。教室でも、毎週のリクレーションのときにも、私たちはいつもそういう先生と接していたのです。また先生は授業以外のときにも喜んで私たちと一緒に過ごす時間をつくってくださいました。お忙しい中、ご自分の時間をさいて私たちとともに過ごしてくださったのです。先生は私たちの好きなゲームに喜んで加わってくださいました。その年ごろの私たちが好きだった馬鹿げた罰金ゲームもしました。私たちの子供っぽい遊びに入ってくださったときの先生の優しい思いやりのある母のようなほほえみを、今でもよく覚えています。先生がそこにいらしたとき、たとえ心だけでも先生に逆らおうとする生徒はいませんでした。当時厳しい監督の下に置かれていた女子生徒を、先生は寛大な心をもって、初めて劇場に連れて行ってくださったこともあります。芝居はシェイクスピアのハムレットでした。先生は私たちにイギリスの素晴らしい作家のことを教えてくださっていたので、私たちは先生を通してこの芝居を鑑賞することができたのです。先生は神と一致しながら、気高く美しいすべてのものに心を開いていらっしゃったのです。そのような先生のお姿は私たちの心のなかから消え去ることがありません(2)。

次のようなことを述懐する教え子もいる。

シュタイン先生には何か近寄りがたい雰囲気がありました。先生は知性的で、意志の強い方だったからでしょうか。私たちは先生の前で何か恥ずかしくなるような思いをしていました。でも私は、先生にすっかり信頼していました。私は作文を書くときに、先生が読んでくださるものならば、私の本音や個人的な考えを語ってしまってもかまわないと思いました。私はこう考えていました。シュタイン先生の前では、どんなことでも信頼して打ち明けて話したらよいのだと、そしてそれが誤解されるようなこともないのだと……。シュタイン先生は心の狭さや虚偽のない真実な方でした。先生においては、人格的、社会的、宗教的な天職が完全に調和していました。(3)

後にマグダレナ学院の教師になった教え子は、シュタインから受けた印象について次のように述べている。

私が初めてシュタイン先生を見たのは、教室の窓から先生が何冊かの本を抱えてセミナー室へと中庭を横切っておられたときのことです。私は当時その人が誰なのかまだ知りませんでしたが、先生の姿は私に深い感銘を残し、そのときの第一印象を忘れることができません。後になって私は聖マグダレナ修道院に入りましたので、先生がシスターたちに講話をしてくださったのを聞きに行く機会もありました。そして私は先生と個人的に知り合うようになり、ご一緒に過ごさせていただく機会もありました。先生はラテン語のレッスンをしてくださり、英語やフランス語も教えてくださいました。先生とはよく修道院の庭でお会いしました。先生は時間があくと修練院の廊下からも見えるように、先生の部屋の窓から旗を出して合図してくださったのです。先生は多くのことを話されませんでしたが、ただお人柄と内面からあふれ出る雰囲気によって、私の勉強のことだけでなく、すべての倫理的な生活についても導いてくださいました。先生のお傍にいると、何か高貴で、純粋で、崇高な雰囲気に包まれているように感じられました。そして先生からあふれるこの雰囲気は、人を高く引き上げずにはおかないようなものでした。

これらの教え子たちの回想から、シュタインが全身全霊をもって教師の仕事に当たっていたこと、生徒一人ひとりを導き、接する人々にその模範でもって人格的な感化をもたらしていたことがわかる。

シュパイアーでの教員時代のシュタインの生活は、祈りに始まり祈りに終わる毎日であった。当時の彼女を知る多くの人々が認めているように、シュタインは長い時間よく祈る人であった。彼女の教育活動が生徒たちに根をおろすとき、祈りも深められていった。シュタインは、聖マグダレナ修道院の聖堂で、祈りを捧げることができる時間を何よりも大切にしていた。シュタインの祈る姿について、次のように語っている人もいる。

シュタイン先生は、よく聖堂で身動ぎ一つしないでひざまずいたまま何時間も祈っていらっしゃいました。そのお姿は、どんなお説教を聞くよりも印象的でした。先生は祈ることによって、心のすべてを明け渡して、単純になっていらっしゃるようでした。

また聖マグダレナ修道院にいたシスターの一人は次のように回想している。

エディット・シュタインは、毎朝、長い時間お祈りするのがつねでした。朝の四時から五時にかけてシスターたちが聖堂に入っていくと、彼女はすでに自分の席について祈っていたものです。そしてシュタインは、自分が高い学問を身につけているような素ぶりは決して見せませんでした。彼女は誰の前でも謙遜でした。シュタインの身体全体からは、何か神聖な光が輝き出て、私たちの魂を照らしてくれるように感じたものです。

シュタインの霊的生活を垣間見させてくれる手紙の一部を引用してみよう。

まず大切なことは、神と交わることができる静かな時を見いだすことである。そしてその静かな祈りの時がなければ、ほかのことは何もできないと思うのだ。そうすると一日の生活は次のようになる。私にとってふさわしいと思える静かな時間は、一日の仕事が始まる前の朝の時間である。その時間に、その日の特別な使命をいただくのである。祈りの時は自分自身のために何かを選ぶようなことはしない。この静かな祈りの時間をもつことによって、自分がまったく神の道具でしかないということを悟るようになるのである。そして仕事に要求される能力を、自身が使うのではなくて、神が私たちを通して用いてくださるのだということを自覚するようになるのである。(4)

2 教育論

シュタインの多面的な生涯を辿ってみると、シュタインの生涯と思索の軌跡は有機的に関わり合い、彼女の人生におけるさまざまな経験はその明晰な思想において受肉し、思想はおのずから実践的な生活へと向かった。

シュタインの思想のなかで、教育論は一つの大きな部分を占めている。シュタインの教育への関心は、彼女が故郷のブレスラウで高校時代を過ごしていた時期に女性の参政権、女性の教育についての進歩的なグループに所属し、活動をしていた時期に遡る。シュタインによれば「女性の教育の問題は教育の全般的な危機の一部として論じられるものであると同時に、また、女性の教育に固有の問題をも有している」。シュタインにとって女性と教育は、当初から切り離すことのできない問題であった。さらにシュタインの教育についての考察は、ヒトラーの絶対主義的な国家支配によって、切実性を増すものとなった。教育論の背景として社会的、政治的な問題を念頭におきつつ、シュタインの教育論は基本的に、キリスト教的人間観にもとづくオーソドックスな教育論であり、そこには教育の原点をその本質から理解しようとする首尾一貫した姿勢が見られる。結論を先取りするならば、シュタインの教育論の特徴は教育についての霊的、存在的、形而上学的な理解にあるということができよう(5)。

先に見たように、シュタインが教育者として過ごした時期は、彼女の思想が時代の諸相のなかで深化していくプロセスにおいて重要な意味をもっている。シュタインにとって教育活動は、哲学者としての学問探究の道とキリスト者としての実践的な歩みを結びつけるものであり、教育という現場での思索と祈りを通して、彼女の思想は抽象的な思弁にとどまることなく、他者への抜きという根源的な問題意識をもちつつ具体的な事柄に受肉してゆく。シュタインにとって哲学者として真理探求の道を邁進した時期から、カルメル会での修道者、観想者への道へと導かれた彼女の生涯の過渡期にあたる静謐な熟成の時が、一〇年余りに及んだ教育者として過ごした時期であった。

シュタインがカトリックの洗礼を受けて二年後、ドイツ・ライン河畔の古都、シュパイアーでドミニコ会の修道女会の経営する聖マグダレナ女子学院に赴任したのは一九二三年のことであった。(6) 八年に及ぶ教員生活とその後一年余のミュンスター教育学研究所での講師をつとめていた間、シュタインは自らの教育者として経験を土台として女性論、教育論についての論文を次々と発表し、多くの講演をし、彼女の斬新で進歩的な女性論、教育論はセンセーションを巻き起こした。この過渡期とも言える時期に発表された諸論考は、初期の純粋に哲学的・現象学的なテーマから次第に自らの生き方に思索を重ね合わせるように、次第にキリスト教的な主題へと移り変わっていくが、彼女のそれぞれの時期の思索は、有機的な連関と一貫した真理探究への姿勢を失っていない。

３　人格形成のプロセスとしての教育

シュタインは教育について考察するにあたり、まず教育の本質を根本的に問い直すことからはじめている。

教育についての一昔前の理想は百科全書的な知識を与えることにあった。そこで想定される精神はまったく白紙（タブラ・ラサ）の状態であり、そこに知覚や記憶によってできるだけ多くの印象を植え付けることが教育であった。[7]

従来の啓蒙的で百科全書的な教育理解に欠けていたものは、人格が形成されていくプロセスとしての教育という考え方である、とシュタインは主張する。つまり、教育は人間の全体性に働きかけるものであり、理性にのみ関わる事柄ではないし、また数量的な成果のみが重視されてはならない。人格《ペルソナ》は、[8]自然本性的な理性の範囲に留まる限り、人格《ペルソナ》の全体性を捉えることはできない、とシュタインは考えている。彼女にとって人格《ペルソナ》とは、理性的な本性をもつ存在であるのみならず、霊的な本性を有する存在である。人格《ペルソナ》において「霊」（Geist）と理性（Vernunft）は切り離すことのできない結びつきをもっていると、シュタインは考える。人格《ペルソナ》は、単に自然本性のレベル、被造物の領域でのみ存在するのではなく、神に由来をもつ霊的本性に与る存在として、無限の存在である神のうちに目標をもち、「霊の領域」へと参入し、高揚される可能性を自らのうちに有している。この点については人格論の章で詳しく取り扱うが、女性の教育について考える際に、人間の全体性に参与する教育、また教育にある超自然的な領域についての考察はシュタインにおいて重要なテーマとなってくる。

教育論を構築するにあたってシュタインの心を捉えて放さなかったのは、国家の権力によって教育の本質が見失われ、非人格的な教育が横行していた当時のドイツを精神的再建の道へと導き出すことにあった。形式主義的で画一的な、技術的な知識に偏重する教育は、当時のドイツに固有の問題ではなかった。個人の自由な人格的な開花と発露が阻まれているところにおいては、教育は危機に瀕しているのだ、とシュタインは主張する。

ところで、教育の本来の目的は何であろうか。

教育は外的に知識を所有することではない。人間の人格が多様な外的な力の影響のもとに形象（Gestalt）へと成り行くこと、この形成されていくプロセスそのものが教育なのである(9)。

シュタインによれば、教育の中心は単に外からの知識の伝授にあるのではなく、人格のうちから形成されていくプロセスそのものにある。すなわち、教育は知識の伝授という理論的な理解によっては全容を把握することは難しく、シュタインは形而上学、存在論にまで教育の理解の射程を向け、教育を人と人、そして神と人との根本的に交わりとして捉えようとする霊的で実存的な教育論を提示している。

教育において人間性が第一に尊重されるべきであり、人間の魂のうちにあるものが引き出され発達し、成熟し、外的な諸力の影響によってその人に固有の「形象」（Gestalt）に形成されていくプロセスが教育である。

シュタインの言う「形象」（Gestalt）とは、人間の魂の根幹にある内的な種のようなものが、成長し、実ることであり、「完全な形象、完全な被造物(10)」となりゆくプロセスが教育の役割である。

人間が固有の「形象」となりゆくプロセスは、シュタインによれば、人間として、次に男性、女性として、そして個人性という三つのあり方において実現される。しかしこの三つの「形象」へのプロセスは一つひとつ別個になされるのでなく、相互の関連をもちつつ、統一的に実現されうるものである。

4　教育の目的

教育の本来の目的をシュタインは次のように定義している。

すべての教育的な活動は人格の形成ということに向けられなければならない(11)。

教育という言葉によって意味されることは、人間によって経験される養成が(人格の)発展に向けられているということである。人格形成としての教育は本人が有している内的な能力によって発露してゆくプロセスであるが、それは本人によって、あるいは他人によって行われるプログラムの場合もありうる(12)。

人格の陶冶、開花をめざす教育は、従来のキリスト教的教育観に共通する考え方であるが、シュタインの教育論は単にカトリックの伝統的な教育観を踏襲しているだけのものではない。そこには彼女自身の教育者としての経験に裏付けられた教育への実践的な洞察と、哲学的、神学的な人格論を土台とした霊的な教育論への構築の意図が読み取れる。ここで、シュタインの教育論の基盤をなしている「人格」についての理解を明らかにしておきたい。

シュタインは古代ローマのボエティウスに代表される概念である理性的自律存在としてのペルソナと、キリスト教の三位一体の説明のために使用されている「位格」という概念の二つの方向性の淵源を西欧の「人格《ペルソナ》」理解に見いだしている。キリスト教的な「人格《ペルソナ》」理解は、旧約聖書にしるされている「神の似姿」としての人間の創造にそのルーツを見ることができる。人間は「霊」によって、神の似姿になることができるそのダイナミズムを与えられている。シュタインは次のように述べている。

「人格《ペルソナ》」は静的存在にとどまることなく、つねに自由な行為へと導かれている存在であり、

自由行為にこそもっとも真正な人間の生活のかたちがある。(13)

以上のようなシュタインの人格理解から次のような教育論が導き出される。教育は神の似姿へとなりゆくことであり、それぞれの人間に与えられている神の似姿のダイナミズムが発露し、開花し、実ることを助けることに教育の根本的な意味がある。

シュタインの教育論において、人間の人格形成が重視されているが、この点にのみ注目するならば、同時代の哲学者、ヤスパース、ブーバー、ボルノーらの教育哲学、教育論と問題意識が共通する方向性を見いだすことができよう。シュタインにとって人格論、ペルソナ理解は長年取り組んできた研究テーマであったが、単に現象学的思惟、トマスの思想、そして実存哲学者の系譜につらなるものでもない。シュタインの教育論の基礎となる考え方は、人格を本来霊的な存在として捉え、「人格の核になるものは魂である」(14)と理解している点にある。教育は外からの働きかけよりも、この内からの発露、形成である。

このような教育は「人間の魂のうちでおこなわれる」こと、そして人間の魂のうちにある種のようなものが成長し、成熟していくプロセスが教育であるとし、シュタインは次のように説明している。

最初の基本的な形成は魂のうちでおこなわれる。ちょうど植物の種のうちに内的なフォルムがあるように、見えない力がモミの木を成長させるように、人間存在には内的な力があり、それがある方向へと導く促しとなる。そしてこの力こそが、人間の唯一の目的である人格の成熟、十全な発育、独自の個性化、すなわち、人間をある「形象」へと導くものなのである。(15)

教育によって与えられる知識も単に感覚や知性においてのみ受容されるのではなく、「心と魂」によって統合される、とシュタインは述べる。教えられる内容が魂へと浸透するものになるとき、それは単なる素材、材料ではなく、人間を形成し、成熟する力となってはたらき、魂は目的にかなった「形象」へと導かれる。この魂の奥底において、人間と神は出会い、交わることができる。教育の働きは、外的な知識を伝達し、本人の人格の成熟を促し、導くために教師の役割には大きいものがあるが、教育においてもっとも大切なのはその超自然的な面である。

教育はそれを与える者の一方的な行為ではなく、教育を受ける当人がその可能性を自由意志によって受け取り、自分の本性にはなかったものへと開かれてゆく姿勢が重要であると、シュタインは指摘している。教育者と教育を受ける当人の相互の関係性があってこそ、真の教育への道が開かれるのである。

5　教師の役割

人格が内から陶冶され、開花し、成熟するプロセスを助長するための教育に携わる教師の役割についてシュタインは主に三つの点を上げている。①言葉による教育、②教育的な行為、③人格的な模範、である。教育者は教育に携わる際に、人間、性差、個人における成長と発展に注意を傾けつつ教育活動にあたることが求められるが、シュタインが特に重視していたのは、個人の独自性を配慮する教育であった。

生徒、学生が人格の全体性において、人格のバランスのとれた発展を促すように、教育者は学生に文化的な伝統を紹介することも重要である。そして、シュタインは次のように記している。

人は自分自身が実践していることのみを教えることができるのである。(16)

私たちは単に所有していることだけではなく、私たちがどのようなあり方をしているかが問われるのである(17)。

この点において、シュタインは教師自身の倫理性を重要視しており、教師という地位は他の職業と並びうる単なる職業と見なされるべきではなく宗教的な呼びかけとして理解している。シュタインは教育者がどのような役割を果たすかについて、彫刻を彫る芸術家のメタファーで説明している。

身体的・心理的な素質と生来の一つの目的をもった小さな子供は彫刻家の手に、教育者の「形づくる手」に委ねられる(18)。

教育者は与えられた生徒の本性と個性という与えられた素材の限界につねに留意しつつ、形づくり、彫刻を創っていく。それぞれの生徒がもっている限界についてよく認識しておくことは教育者にとってもっとも本質的なことだ、とシュタインは述べる。なぜなら、人間の器の限界は神の意志にかなったものであり、神はそれぞれの人のなかに種を植えられたからである。

ここで、シュタインは彫刻家のメタファーを用いて教育者のイメージに言及するとともに、教育者が種を蒔き、耕す役目を担っていることを指摘している。しかしながら、もっとも重要なことは、個人の人間性である種は、創造主である神がそれぞれの人に植えられたものなのだという認識である。すなわち、ここで神と教育者の協働性があって、はじめて真の教育が可能となる。

先にも述べたように、シュタインは知識を与えるという人間の行為が教育のもっとも重要な任務であるとは考えていない。教師が与える外からの影響には限界があり、外的な知識の伝授よりも、教育を受ける当人が自分自身の成長のプロセスに内的に参与していくことが大切であると主張している。教育の主体は、教師の側にあるのでもなく、また生徒の側にあるのでもなく、相互的、協働的な営みであるということがシュタインの教育論からは理解できる。

6　教育における超自然的な次元——魂の内からの形成

教育というはたらきをわれわれ人間のレベルでのみ捉えるならば、その人間の力には限界がある。人間の内的な形成力が真の意味で深められ、内側から人間が新たにつくられるために、

「恵みの力」[19]が必要である、とシュタインは説く。私たちは教育活動全般を通して、教育という人間的な努力の只中にあって、教育の担い手は私たち自身なのだという錯誤に陥りがちである。最終的に神の恵みの力によってのみ人間が新たにされ、真に形成されるということを忘れてはならない、とシュタインは主張する。教育を最終的に完成へと導くものは恵みの力であり、教師の側でも、生徒の側でもそのような超自然的恵みにたいして開かれ、恵みによって自分自身形成されることに委ねることが大切である。人間において人格的なものが恵みによって成長し、開花することは、マタイ福音書が神の国の象徴として用いたからし種やパン種のたとえにもあらわされている。シュタインは聖書的な種のたとえを神の原初的な創造の行為というのみならず、人間の魂の超自然的なものへの披き、受容性との関わりにおいて霊的に理解している。したがって真の意味での人格形成は、単なる人間の個性の開花、発露という意味に理解されるのではなく、魂のうちに宿っている神の種が成長し、人間の魂を内から新たにするものである。そのような意味では教育は神と人間との関わりなしにありえないのである。

シュタインにおいて、魂とは、そこにおいて神と人間が出会い、交わるところであり、人間が沈黙のうちに絶対的な他者であり、しかももっとも信頼をよせることのできる存在に安らかに抱かれるところなのである。

シュタインは何を教えるか、ということよりも、人間がいかなるあり方をしているのか、どのような存在と関わり、どこへ向かって披かれているかということを熟考することに教育の出発点を見いだしている。教育論は、人格論、そして霊性との結びつきをもつときにはじめて全的人間の営みとして全貌をあらわす。すなわち、教育は人間の表層部のみならず、魂の最深へとはたらきかけるものなのであり、それによって人間の魂が内から新たにされることが可能となる。

第五章　女性として生きる

1　女性として、哲学者として

エディット・シュタインの女性論の論文の多くは、カルメル会に入会する以前、シュパイアーとミュンスターで教員生活をしていた一九二八年から一九三一年にかけて、ヨーロッパ各地から女性をめぐるテーマの講演を依頼されたことをきっかけとして発表された。しかしながら、彼女の生い立ち、キャリアで見てきたように、女性哲学者としてのシュタインの思索は、つねに女性であることから出発し、女性として考え、行動するプロセスであった。シュタインの女性論は、彼女自身の女性としての生き方を踏み台として、実存的、哲学的、キリスト教的な内容のものである。

まず彼女の生涯の歩みにおいてとりわけ女性論の形成に関係する点を指摘しよう。

シュタインが女性であるがゆえに、大学教授への道を阻まれたことは彼女の生涯で大きな壁となった。ドイツでは、一九一九年に制定されたヴァイマール憲法によって社会における女性の対等な地位が保証されていたにもかかわらず、女性が大学教授の地位につくということはきわめて例外であった。シュタインはフッサールの助手の仕事を退いた後、哲学者としての道を自分にふさわしい職業であると考えるようになっていた。そこで一九一九年、大学教授資格の取得に挑んだのである。ドイツの大学では現在でもそうであるが、大学で教職の仕事に就くためには、博士号のほかにもう一つの大学教授資格（Habilitation）が要求される。この資格を取得することは、事実上大学教授への第一歩となる、いわば大学教授への登竜門であった。

まずシュタインは、母校のゲッティンゲン大学で講師の職を得ることを試みた。この時、フッサールはシュタインの能力を高く評価して、次のような推薦状をしたためている。

長年、ゲッティンゲン大学とフライブルク大学において、私のもとで学んだエディット・シュタイン博士は、一九一六年の夏学期に、フライブルクにおいて最優秀（スンマ・クム・ラウデ）の成績で哲学博士号を取得しました。彼女は、感情移入の問題についての優秀な学位論文を書き、この論文が公刊されるや否や、研究者の関心を集めました。その後、シュタインは一八か月間私の助手を務めました。彼女は、私の原稿を整理して出版の準備をしただけではなく、学問的な教育にもあたり、私の仕事を手伝いました。この目的のために彼女は、哲学入門者のためのみならず、さらに上級の学生のために哲学の授業を担当しました。私の講義をとっている学生の研究成果もさることながら、その学生たちの個人的な証言によって、シュタインの協力が有意義であったことは明らかです。シュタイン博士は、稀有にして深遠な哲学の知識を身につけており、専門的な学問研究と教授職に十分な資格を備えていることは疑いの余地もありません。もし学問的な職業に就くことが女性にも開放される時が来るならば、その時私は、シュタイン女史をその最初の地位に任命し、教授資格の認定を与えることを心から推薦するでしょう(1)。

このフッサールの推薦書には、シュタインの大学教授職取得についての肯定的な意見が表明されているが、他方でフッサール自身がシュタインに教授資格を授与する可能性については全く言及されていない。その意味では、フッサールのシュタインへの推薦書には、教授資格取得に対する彼の消極的意見が並存するものであると理解することもできるだろう。自分の恩師によって、女性であるということを理由に大学教授資格申請論文の提出を阻まれたという事実は、シュタインに女性哲学者として自立することの難しさを突きつけることになった。当時のドイツは、一九一八年にドイツで女性の参政権が認められ、良妻賢母的な女性観からの変化のきざしが見え始めた時期であった。

この時期のシュタインは自身のキャリアの問題のみならず、個人の生活において男性との交際をめぐって、望み通りにいかない現実にも直面していた。同僚の哲学者であったローマン・インガルデンとハンス・リップスに心惹かれるようになり、「素晴らしい恋愛と幸せな結婚に憧れていました」と『自叙伝』で告白している。彼女が心を寄せていたこれらの男性への手紙の文面を詳しく見ていくと、シュタインには客観性、明晰な論理性、強靭な意志などの男性的な傾向とともに、他者に対する共感、献身、犠牲などの女性的な面があったことがわかる。彼女の恋愛の経験は、結婚へとは至らず、挫折と内的危機をもたらした。しかしながらシュタインは異性を愛する経験を通して真の他者と出会い、異性を全身全霊で愛することの意味を知るようになる。男女間の愛の挫折を通して、シュタインは愛のパトスが向かうもう一つの方向、すなわち愛の源泉である神へと近づいてゆく。この挫折の後に彼女は回心とキリスト教への入信に導かれるが、この辺のいきさつについては第三章で詳しく見たので、ここでは省略する。

シュパイアーとミュンスターでの教員生活を送っていた一九二八年から一九三二年にかけて、シュタインはヨーロッパ各地から講演に招かれ、「本性と恩寵に基づく男性と女性の使命」、「キリスト者の女性の霊性」、「女性の職業のエートス」、「女子教育の根本的原理」などのテーマについて講演し、大きな反響を呼んだ。家父長的な伝統が支配していた当時のヨーロッパ社会で、シュタインの挑戦的で本質的な女性論は多くの聴衆に深い感銘を与え、ヨーロッパ各地でセンセーションを巻き起こしたのである。次に彼女の女性論の骨格を見てゆくことにしよう。

2　女性論の社会的背景とその意図

エディット・シュタインの女性論は、一九二八年から一九三二年にかけてドイツ、オーストリア、スイスのカトリック団体、学術・教育機関等から依頼を受けて発表した一連の講演、論文から構成されている。当時の女性解放運動への気運、女性の教育問題への関心などの動向を背景に、講演のテーマは女性の特質と使命、女性の職業、キリスト者の女性の霊性、女子教育についてなど多岐にわたっている。シュタインは女性の大学進学の門戸が開かれはじめた時代に大学に入学し、一九一八年ドイツで女性の参政権が認められるようになった時期に自由主義的な女性運動や女性の教育を考える会で活動していたこともあった。当時の一般的な女性観は、結婚し家庭に入るための良妻賢母を育成することに主眼が置かれていた。ドイツで西欧のキリスト教社会の伝統的な社会観に対する批判、フェミニズム神学、思想が台頭してきたのは一九六〇年代になってからで、論議が活発になってゆくのは一九七〇年から八〇年代にかけてのことであるが、シュタインはその先駆者の一人であった。

しかしながら、シュタインの女性論には「女性」としての気負いがまったく感じられない。むしろ一人の人間として、キリスト者として女性について考察するという基本姿勢を終始貫いているということが中心となって展開されている。その意味でシュタインの女性論は単に既存の保守的な女性観の打破をめざす女性解放論や男女同権論とはやや趣を異にし、形而上学的で霊的な次元に女性の本質を招き入れようとしている。

大きな講演会場をいっぱいに埋めつくした聴衆の前に現れたシュタインは、「話し振りや知的優秀さによって聴衆を魅了する堂々としたタイプの女性ではなく、小さく、繊細で、謙遜な女性だった」とある聴衆は回顧している。彼女の口からは、深い霊的生活に裏付けられた明澄でよどみない言葉が語られ、会衆の心を引きつける何かがあった。

シュタインは女性についての講演によって一躍哲学界の内外にその名を知られるようになったのである。シュタインの問題意識は実存的なもので、一人の女性として、信仰者として、いかにして神のみ手に導かれ生きるということにあった。

彼女は当時の手紙のなかで、次のように述べている。

もし私が講演のなかで超自然的なことにふれてはいけないのであれば、私には講演する意味がないように思われる。最終的に私が語ろうとしている小さな単純な真理は次のことである。どのようにしたら主のみ手に導かれて生きることができるのだろうか。(2)

「主のみ手に導かれて生きる」ことは、シュタインがカトリックの洗礼を受けて以来、彼女の生活の芯となり、そこから彼女は女性論を再構築している。かつて無神論者であった時期、哲学の学徒として邁進していた時期とは異なった観点から女性論を展開する。

シュタインにとって「女性である」ことから「女性になる」ことへの道ゆきこそが大切であり、女性の使命、霊性、職業、教育といった問題の射程はすべて「主のみ手に導かれて生きる」へと収斂されてゆくのである。

シュタインの女性論において中心的な論旨は、女性を単なる性としてではなく、関わる存在、人格として理解していることである。人間は個体でありながら、根本的に他者との交わりにおいて存在する存在であり、そのもっとも原初的で根源的な関わりが男と女の交わりにある。彼女は次のように述べている。

トマスは「男性は女性の源であり、女性の目的である」(3)と述べているが、その意味は何であり、その根拠はどこにあるかということを問い直してみなければならない。このような考えかたの由来は、明らかに聖書の創造の物語にあると思われる。聖パウロの手紙のなかにも、これと同じことを言っている箇所が見られる。(4)

シュタインはトマス、パウロの男女理解に家父長的な見方があることを批判している。現代の多くの聖書学者と同様に、アダムを男性と解釈するのではなく、集合名詞としての人間と解釈することによって、人間は本来、対他存在であり、男と女が一つとなることによってはじめて本来の人間となる、とする理解がシュタインの主張である。

３　関わりのなかで生きる女性――「伴侶」として、「母」として

シュタインは女性を「関わりとしてのペルソナ」として理解していることは次の引用によく表れている。

女性はおのずから生命あるもの、人格的で、具体的なものへと向かう。相手を慈しみ、保

護し、守り、養い、育てることは、女性の自然で母的な望みである。女性にとって生命に関係しない事柄は、それが生き生きとした、人格的なものとの関係をもつ場合においてのみ第一の関心事となる。一般的に抽象的なことは、女性の性質からはかけ離れている。女性の配慮が向かう人格的な存在は、具体的な全体であり、女性は全体性において、生き生きとした人格的存在を守り、勇気づける(5)。

ここでシュタインの女性論の基本的な考えが示されている。女性は生命あるもの、人格的なもの、全体性へと向かうものである。「全体」とは、精神と身体の統一としての人格そのものを意味する。シュタインはトマスの「霊魂は肉体の形相的原理である」いう人間論に基づき、男性と女性の身体的な相違は両性の精神的な特性の相違に由来すると考える。他者を迎え入れる、育むという女性特有の行為は、単に身体的に器官がそれに適しているというだけでなく、精神と身体の一致としての全人格的な行為を意味する。女性は抽象的なものよりもむしろ具体的なものへと向かい、精神と身体の統一体としての人格の全体において他者と関わる。シュタインの言葉は次のように続く。

女性の心のもっとも深い望みは、愛のうちに自らを与え、他者に属し、他者を完全に自らのうちに孕むことにある(6)。

女性にとって第一の関心事は、何を成し遂げるかではなく、いかに他者と関わり、他者を愛するかということにある。女性にとって他者との関わりは、抽象的理念ではなく、人生の究極的意味に結びつくものであるとシュタインは考える。彼女によれば他者に対して自らを開き、己れを空しくして自分のすべてを相手に捧げるとき、真の女性性が十全に開花するのである。慈しむ、守る、育む、捧げるという行為は、いのちに寄り添うという女性に特有の使命を表している。

生命体としての新しいいのちをみずからのうちに孕み、そのいのちを守り、育てるという女性の役割は、女性に託された明確な目的を指し示している。母となることができる生殖器官を備えた女性が、新しいいのちを育むという神秘的なプロセスは、女性における身体的なものと精神的なものの一致を表している(7)。

女性の身体性と精神性は「伴侶」として、「母」として生きることにおいて十全に開花する。伴侶と結婚し、子を生み育て、家庭を築くという生活形態もある。または男女の親密な友情関係、霊的な結びつき等、異なった形態をとることもある。そうした女性のさまざまな生き方において、無数のかけがえのない女性を内的に動機づけているものは、次のような女性に特有の使命にある。

女性であることは、伴侶として、母として生きるという独自の使命によって決定づけられている。伴侶であるということと、母であるということは相互に関係している。女性のからだは、男性と一体となり、新しい人間のいのちを育むことができるように造られている。……女性の魂は男性へと向かい、男性と一つになり、男性を守る。女性の魂は、多くの人々の魂を開き、他者の心の拠りどころとなるように造られている。精神的な意味ですべての人々の伴侶となり、母となるという女性の使命は、実際の生活で結婚し、現実に身体的な母となるということのみに限定づけられるものではない。女性は関わりをもつすべての人々の伴侶となり、母となるよう招かれているのである。(8)

他者の生活をともに分かち合い、その生活において遭遇する大小さまざまな出来事を喜び、慈しみ、仕事のこと、悩み――のすべてのことに参与していくことは、女性の賜物でもあり、使命なのである。「伴侶」（Gefährtin）として生きるとはどのようなことを意味しているだろうか。「伴侶」に寄り添うことは自分の家族や夫に仕えることだけではなく、女性のもっとも本来的で、高貴な生き方である。他者にいつも関心を抱き、共感し、隣人と生活を分かち合い、全身全霊で他者に仕え、愛すること――他者の人生に参与し、同伴することこそ、女性の真の幸福であるとシュタインは考えている。女性が具体的にどのような生き方――身分、仕事を選ぶとしても、妻、母、独身女性、修道女、未亡人、どのような身分として生きるとしても、伴侶として他者に寄り添い、他者を生活の中心にすることにこそ女性の本来の望みと使命があると、シュタインは考える。

4　「男に対して助ける者」としての女

エディット・シュタインの女性論は、テーマに沿って多くの聖書の箇所が引用され、そこからは独自の聖書解釈を窺い知ることができる。当時の聖書釈義学においては、歴史的・批判的な方法による解釈は導入されず、聖書を教義にそくして解釈する方法が一般的であった。シュタインはラテン語のヴルガタ訳聖書を主なテキストとして、ギリシア語も参照しながら、聖書に依拠しつつ考察を進めている。

先にも見たようにシュタインの人間理解は、人間を関係性としての人格（ペルソナ）として捉えている。この関係性の原点は、神が人間を男と女に造られたことにある。女性の創造について、創世記に次のように記されている。

主なる神は言われた。
「人が独りでいるのはよくない。彼に合う助ける者を造ろう」（創世記二・一八）

この創世記の神の創造の物語をシュタインはどのように解釈しているのであろうか。創造は、神の意志による行為、関わりである。「神はご自分にかたどって人を創造された」（創世記一・二七）。さらに「かたどって」は、かたち、似姿、イメージ、像とも訳されるが、単なる外的なかたち、像、身体を意味しているのではなく、また、一者からの流出や生成でもない。呼びかけられ、応える存在であるということに、ペルソナとしての人間の核がある。神の言葉によって、「呼ばれる」こと、言葉によって神の創造の業が成されるのである。この点について シュタインは次のように述べている。

呼ばれるということは、どのようなことを意味しているのでしょうか。呼びかけは、誰かから誰かに向けて特別な何かのためになされるものである。(9)

シュタインは「彼（男性）に対して助ける者」として造られた女性について次のように解釈している。引用を続ける。

創世記の二章では人間の創造の物語が詳しく述べられている。アダムが創造され、彼は楽園に住まい、そこを耕し、守るように神に言われる。さらに神は獣を人のところへ連れてきて、人（アダム）が獣をどのように名づけるかご覧になる、しかし、「人は自分に合う助ける者を見つけることができなかった」と創世記には記されている。(10)

ここでヘブライ語の「相対《あいたい》する、助ける者」（eser kenegdo）(11)は訳出することが難しい言葉であるが、シュタインは文字通りの意味である「彼に対する、助ける者」という意味に解釈している。ここで「相対《あいたい》する者」とは相手に自分が映る鏡のような存在を表している。それは、二人で一つとなり、対をなしている補完的な存在を意味しているのである。実際に男と女は似通った存在であるが、完全に同じ存在ではなく、互いに他方があってはじめて完全になる、相互に補い合う存在なのである。

女は男に対して「相対《あいたい》する、助ける者」(eser kenegdo)として造られたという点にシュタインは男と女の交わりの原点を見いだしている。

ここで男の女に対する優位性が問題となるのではない。女性は伴侶として、助ける者として造られたのである、したがって男は女を必要とし、二人は一体となる。男と女によるともにある生活は、愛に根ざしたもっとも親密な共同体である。男と女は一つになることによって、完全な調和した存在となるのである(12)。

ヘブライ語の「相対《あいたい》する、助ける者」(eser kenegdo)には二つの意味が含まれていることをシュタインは指摘している。"eser"は「助け」「助ける者」という意味であり、"kenegdo"は、

「対する」、「相対《あいたい》する」、「顔と顔を交える」という意味である。女は男を助け、彼のためになるパートナーとして造られた。女は他者、隣人として、男と顔と顔を交え、相対《あいたい》するのである。このような創世記の解釈から男女の相互性、親密性、人格的な交わりの地平が顕われてくる。人間の創造において神が人間に与えられた使命は、聖書によれば三つあるとシュタインは説明している。

人間の創造についての記述の冒頭で、男・女の創造がしるされている。男性と女性に三つの使命が与えられている。すなわち、神のかたどり（似姿）となること、子孫を産み増やすこと、地を支配することである。ここではこの三つの使命が男性と女性によってそれぞれ異なる仕方で担われることについてはふれられていない。男性と女性が造られたということにおいて、両性の使命の相違が暗示されているにすぎない(13)。

人間の創造において、神と人との根本的な関わりがつくられたこと、そして創造された人間は神の呼びかけに応える存在として造られたことが明らかになってくる。神が人間に与えた使命は男性と女性の協働によって担われてゆくものなのである。

シュタインの女性論は、女性性の本質を神との関わりにおいて霊的に、存在論的に捉え直し、女性の担うべき役割を家庭、社会、宗教の領域で考察している。そのなかでも彼女がとりわけ注目したテーマは、女性の職業と教育に関する問題である。一九二〇年代までのドイツにおいては、「女性は家に帰属する」という考え方が支配的で一般社会で職業に従事する場合、女性は客観的で論理的な思考を求められる仕事には不向きであると考えられていた。また。先に見たようにシュタインは、創世記における神の似姿として造られた本来のペルソナとしての男と女、その本来的関わりと協同を中心に据え、現実社会における女性の職業上の活動や教育を阻むものを指摘し、男性と同等の就業や教育を女性に与える必要があることを積極的に主張した。シュタインの女性の職業と教育をめぐる論考全体を貫く問題意識は、彼女自身の経験から出てきている。

シュタインの職業人としての歩みを振り返ると、フッサールの助手時代（一九一六―一八年）、教員時代（一九二二―三二年）がその主なものである。また彼女は女性哲学者として、男性が圧倒的に多い学問の世界において、女性であるがゆえの葛藤と困難に直面しつつ、女性の自立した生き方を求めて邁進した。彼女は「女性の職業のエートス」という講演のなかで次のように述べている。

単に女性にすぎないという女性は一人もいない。本質的に女性は個人の才能があれば、それが一般的な女性の使命からはかけはなれたように見える職種であってもどのような仕事にもつくことができる。いわゆる「女性的な職業」について語ることは無意味なのだ(14)。

「単に女性であるにすぎないという女性はいない」"Keine Frau ist ja nur Frau"という、一躍有名になったシュタインの言葉は、女性を単なる性として一般化し、相対化して見ることはできないという考え方を表明している。それぞれの女性は固有の能力と使命を与えられていて、それを生かすことによってどのような職業も使徒職となりうるとシュタインは考える。男性も女性も「個人性」(Individualität)を有した存在であり、男性と女性の生物学的差異、母性という女性に特有の身体的機能からのみ女性の社会的な機能と役割を捉えることにシュタインは異議を唱えているのである。

生命あるもの、人格的で、具体的なものへと向かう女性の社会進出は、機械化され、人間性を見失った社会に活力と均衡をもたらすものだと考えられる。女性の使命と役割は、一般社会のみならず、イエスの時代、また現代のキリスト教社会、教会においても重要な意味をもっている。この点についてシュタインは次のように述べている。

キリストの女性に対する関わりを見るならば、キリストは女性の愛に根ざした奉仕を高く評価し、女性たちはキリストの弟子たちとともにイエスにもっとも親しい人々だったことがわかる。……女性が司祭職につくという前代未聞なことを教義的に禁じる理由はないように私には思われる。(15)

女性の地位とその使命についてその本質から捉え、再構築しようとしたシュタインの女性論、職業論は、当時の社会に新たな挑戦として受け取られた。社会的通念を根本的に問い直そうとしたシュタインの挑戦は、つねに「神のみ手に導かれて生きる」ことに主軸があり、職業生活において神と他者への献身ということにおいて、すべての職業は使徒職になりうるとシュタインは考えている。彼女はアビラのテレサに倣い、霊的生活における祈りのもつ意味を重視し、神の恩寵による献身こそが、女性の職業生活の基盤となると考えていた。女性の生き方と霊性についてシュタインは次のように述べている。

真の女性らしさとは、包容力があって、静かで、自分を無にすることができ、温かで、明快なことにある。私たちはこのような状態に自分の意志によってなることはできない。恵みによって次第に導かれてゆくのである。私たちが神のみ手のうちに受け取られ、造られるようにすべてを差し出すことが求められている。(16)

エディット・シュタインの女性論からは、男性と同等に認められることが困難であった二〇世紀初頭のヨーロッパで、さまざまな挫折や葛藤に遭遇しながら前進しようとする、力強い勇気あふれる女性の姿が浮かび上がってくる。シュタインの女性論は女性の自然的傾向、身体性、事象性に考察の出発点を置きつつ、女性の本質とその使命を超越者である神との関わりにおいて理解しようとする点において、現代を生きる私たちにもつねに古くて新しい方向性を示しているのである。

第六章　ペルソナ論

これまでに見てきたエディット・シュタインの教育論、女性論は、彼女のペルソナ論との結びつきにおいて形成され展開したものである。シュタインは現象学者の視点からトマス・アクィナスを中心とする中世哲学に対峙し、さらにはアビラの聖テレサ、十字架の聖ヨハネを中心とするカルメル会の霊性に現代的な解釈を試みた。シュタインは古代から中世、引いては現代へと脈々と受け継がれるキリスト教思想の潮流の根底に一貫する「永遠の哲学」を見いだし、スコラ学的存在論と深遠なキリスト教神秘思想を現象学的思惟との対話のうちに現代的なコンテクストで賦活しようとした。このようなシュタインの挑戦とも言うべき哲学的探究は、戦時下と全体主義の支配する当時のヨーロッパにあって、つねに途上にあるものとして留まり、その非情な死によって未完のまま残された。しかしながら、「永遠の哲学」を求めて無限の神秘と未来へと披かれてゆくシュタインの「精神」は、現代に生きる私たちにもつねに新たな問いかけを呼び起こす。アウシュヴィッツ以降、ヨーロッパ文化の価値観や人間観が完全に崩壊したという認識[1]が浸透するなかで、シュタインのたゆむことのない真理へと披かれゆく精神は、涸れた地を潤す清冽な水のような光を放っている。

この章ではエディット・シュタインの思想の中核をなす「ペルソナ」(Person)論[2]を取り上げ、現象学者から出発したシュタインがキリスト教的なペルソナ論に活路を見いだし、それを現代的なコンテクストのうちにどのように再構築したかを明らかにする。結論を先取りするならば、シュタインはペルソナの根底にある「存在」、すなわち人間の理性的射程を越える「存在」への立ち返りと登攀なしに、ペルソナ論の構築は不可能であると考えている。この関連で、シュタインはカルメル会の神秘家の著作に親しみ、カルメル会の霊性を実際の生活のなかで生きることを通して、どのようなペルソナ論を展開していったかについても考察する。

1　ペルソナ論の背景にあるエディット・シュタインの思想的プロセス

エディット・シュタインのペルソナ論の熟成のプロセスを辿るにあたり、思想が受肉する場としての時代的、社会的な脈絡との関係のみならず、人間に固有な経験の現実との関連づけなくして、シュタインの思想を理解することは困難である。シュタインの思想的な関心は、哲学的な根本問題が人間の具体的精神生活において深化し、発酵し、生きた思想として肉化することであった。このようなシュタインの哲学的、人間学的な思索は、世界大戦前後の波乱に満ちた時代的趨勢を生きた、きわめて特異な時代の証人であったというだけではなく、私たちにも思想が古典との対話のうちに現代に受肉するということはどのようなものであるか、を問いつつづける。

シュタインの思想的活動はおおよそ三つの時期に分けられる。第一期はフッサールのもとに学び、現象学を哲学的方法論の中心に据えていた時期である。彼女はこの間に博士論文『感情移入の問題』をはじめとする現象学と直接的に関係するテーマについての論文を発表している。(3) 第二期は一九二二年にカトリックの洗礼を受けた後、キリスト教哲学、特にトマス・アクィナスの思想に関心をよせていた時期である。トマスの『真理論』を翻訳し、現代哲学においては回避されている神の問題を取り上げ、根源的な存在論、形而上学の可能性をトマスの思想との対話において探究しようとした。時代を越えて西欧の哲学に一貫する永遠の哲学の新生を探ることがシュタインの主な関心となる。シュタインの宗教哲学は、この時期の代表的な著作である『有限なる存在と永遠なる存在——存在の意味への登攀』にまとめられている。(4) 第三期は、彼女がその生涯を捧げたカトリックの観想修道会、カルメル会の神秘主義的観想的精神に裏付けられた神秘思想の研究に取り組んだ時期である。アビラのテレサ、十字架のヨハネ、ディオニシウス・アレオパギタなどのキリスト教著作家の神秘思想に参入し、祈りと観想を通して得られる神の知こそが、学問の最終的な目標となる。シュタインの晩年期の著作において、学問は単なる知的なレベルの活動にとどまらず、信仰生活の実りであり、そこにおいて愛と知性、霊性と神学、個人の経験と神学の総合が目ざされるのである。[5] シュタインの生きたそれぞれの時期が有機的な連関をもちつつ重層的に深化しており、時代を大きくまたがる思想家や神秘家との出会いを通して、彼女のスケールの大きい思考が熟成してゆく。彼女の幼少期から青年期にかけての内的自我の形成と人間関係は、後のシュタインのペルソナ論にたいする問題意識とその展開に直接的、かつ決定的な影響をもたらしたと見ることができよう。[6]

シュタインは故郷のブレスラウ大学へ進学し、心理学を学びはじめた時、一九世紀の「魂なき心理学」に自分の問題意識と相容れないものを見た、と回想している。[7] 学問の扉を叩いて間もないシュタインの問題意識は彼女の魂をめぐる問題への追求をもたらした。シュタインは、心理学が魂という問題に対して、自己の内的な問題とは切り離されて探究されていることに問題を感じていたのである。後になって、最晩年の著作『十字架の学問』のなかで、シュタインは自分が生涯をかけて追求してきたテーマは「霊的な存在と生活を規定しているものを把握しようとする生涯にわたる探求」[8]であったということを告白している。このようなシュタインの一貫した「魂」の問題への関心こそが、彼女の「ペルソナ」論の前提をなしており、このテーマを深める途上でシュタインは古代ギリシア哲学、ディオニシウス・アレオパギタ、アウグスティヌス、トマス・アクィナス、フッサール、アビラのテレサ、十字架のヨハネらの思想家と時空を越えた次元で相い交わり、対話を重ねることによって独自の「ペルソナ」論を展開している。

2 ペルソナ論の位置づけ

エディット・シュタインは後期の主著である『有限なる存在と永遠なる存在――存在の意味への登攀』(9) のなかで、思想史におけるペルソナの概念史にふれている。まず、ボエティウス(四八〇頃―五二四年)の「ペルソナとは、理性的本性をもつ個的存在(substantia)である」(10) という哲学史上よく知られた哲学的定義にふれている。このボエティウスのよく知られたペルソナ概念の定義に見られる「理性的本性をもつ個的存在」の意味について次のように理解する。

理性的本性をもつ個的存在は、他のどのような存在とも、あるいは他の事物と分割できない何か、すなわち「相い交えることのできないもの」を有している。(11)

理性的本性をも分割できない個体としてのペルソナは、自然本性的な理性の範囲に留まる限り、ペルソナの全体性を捉えることはできない、とシュタインは考えている。彼女にとって「ペルソナ」とは、理性的な本性をもつ存在であるのみならず、霊的な本性を有する存在である。ペルソナにおいて「霊」(Geist)と理性(Vernunft)は切り離すことのできない結びつきをもっていると、シュタインは主張する。[12] ペルソナは、単に自然本性のレベル、被造物の領域でのみ存在するのではなく、神に由来をもつ霊的本性に与る存在として、無限の存在である神のうちに目標をもち、「霊の領域」へと参入し、高揚される可能性を有している。ボエティウスの「理性的本性をもつ個的存在」としてのペルソナ理解は、ペルソナとは何であるか、という論理的定義であり、ペルソナがどのようなあり方をしているか、ということには考察が至っていない。シュタインによれば、人間は「霊」によってこそ生かされ、自分自身を他者に与え、自由のうちに愛しうることが可能となるのだと考える。シュタインのペルソナ論は、ボエティウスの古典的な定義からは導き出されない人格の形而上学、存在論にまでその考察の射程を向け、人格を根本的に交わりとして捉えようとするきわめて実践的、実存的なモティーフをもっている。

シュタインは古代哲学における理性的自立存在としてのペルソナと、キリスト教の三位一体の説明のために使用されている「位格」という概念の二つの方向性の淵源を「ペルソナ」理解に見いだしている。キリスト教的な「ペルソナ」理解は、旧約聖書にしるされている「神の似姿」としての人間の創造にそのルーツを見ることができる。人間は「霊」によって、神の似姿になることができるそのダイナミズムを与えられている。従って、シュタインにとって、「ペルソナ」は静的存在にとどまることなく、つねに「自由な行為へと導かれている存在であり、自由行為にこそもっとも真正な人間の生活のかたちがある[13]」。したがって、本質としての分割できない個的存在と、掌握不可能な存在としての神を表す「位格」は区別されるのである。

3　純粋自我と「わたしは在る」という経験

シュタインのペルソナ理解の出発点はフッサールの現象学にある。すなわち、シュタインの哲学的探求の根本的モティーフである「真理を探求すること」は、自分の意識をみる見方を問い直すことからはじまる。ブレスラウで心理学を学んでいたシュタインがフッサールのもとで哲学を勉強することを決意し、ゲッティンゲンに勉学の居を移したのは、フッサールの現象学に「厳密な客観性と徹底性、そして根本的知的誠実さ[14]」を見ていたからである。フッサールの言葉によれば、そのような意識の純化は、「自然的態度の一般定立の徹底的変更」である。デカルトの「方法的懐疑」は私たちの人間の精神に直接与えられる明証的な意識、純化された意識に立ち返ることによって可能となる。自身の内的な意識のあり方を見つめ直し、その内なる世界に入っていくと、私たちは人間の精神に直接与えられる明証的な意識、純化された自我に行き着く。フッサールが純粋意識と呼んでいるものこそが、ペルソナ論の出発点である。

シュタインはフッサールが主張するように[15]、純粋自我と超越的自我を異なったものとして理解している。フッサールにおいては「超越的」(transzendent)とは客体(Gegenstand)と心的自我(das psychische Ich)にたいする超越を意味し[16]、したがって超越論的自我は「エポケー」によってのみ可能となる。それに対して純粋自我は人間の意識に直接的に与えられるものであって、それ自体は内容のないものであり、記述することはできない[17]。シュタインはフッサールの純粋自我についての考え方を踏襲し[18]、次のように述べている。

すべての経験は純粋自我の一部である。純粋自我はすべての経験のなかに生きている。その生命のつねに経験的な集合の新しい構造が生じてくる流れそのものなのである[19]。

それぞれの瞬間において、新しい自分が贈られる。この純粋な「わたし」という経験は、ペルソナ理解の出発点である。シュタインは続ける。

自分自身の存在の確かさは、ある意味で最も根源的な認識である。わたしが存在するということは、わたしに近いものであり、わたしから切り離すことができないものであり、それより先に遡ることができない出発点である[20]。

フッサールは純粋自我を哲学探究の出発点とするが、シュタインも自分自身への立ち返りを出発点としている。「わたし」という経験は、ペルソナと呼ばれる存在があるという確かな認識である。しかしながら、フッサールの「純粋自我」はあくまで現象学的方法論によって得られる概念であり、純粋自我と呼ばれる無色透明な「わたし」がペルソナの実在である、とはシュタインは考えていない。

4　人格的な自我と交わりとしてのペルソナ

現象学者としてシュタインはトマス・アクィナスとフッサールの思想を次のように対比させ

て理解している。

トマスもフッサールも、可能な限り普遍的な、可能な限り堅固に根拠づけられた世界理解を獲得することを哲学の課題であると考えていた。〈絶対的な出発点〉をフッサールは意識の内在のうちに探究したが、トマスにとってそれは信仰であった。……哲学の全問題圏がそこから開かれ、またそれがつねに繰り返してそこへと戻って行くところのすべてを統一しているような出発点は、フッサールにおいては超越論的に純化された意識であり、トマスにとっては、神と、被造物への神の関係であった(21)。

人間の魂の最深部は他者、神との出会いへと開かれている。方法論としては現象学の枠組みを用いつつも、シュタインの関心は人格的な自我へ向かう(22)。シュタインにとって「人格的な自我」とは、自己の魂の奥底へと回帰することによって、人間の生の根拠であり、自らを与える「存在」と交わることのできる自我を指す。ここで存在とは、感覚によって捉えることのできる物質的な存在ではなく、人格的な存在であり、人間はそれ自身永遠なる存在ではないが、神へとひらかれ、神と交わることができるという点に人間の生の究極目的をシュタインは見いだしている。永遠の存在である神とどのようにして出会うことができるのか、次の引用を見てみることにしよう。

自分の存在のなかで、わたしは自分自身には属さない存在と出会う。その存在は、自らのうちに支えと根拠をもたないわたしを支え、根拠づける存在である。(23)

私の存在は過ぎゆく存在であり、一瞬一瞬の時が過ぎ、自分の存在が無に帰する可能性に絶えずさらされていることは否定できない事実である。しかしこうした過ぎ去っていく存在であるにもかかわらず、私は一瞬一瞬守られ、過ぎゆく自分のなかで永遠の存在にふれる。私は支えられていて、そのなかで安らかさと守られていることを感じる。それは自分自身の力で立っている人間の自己確信的な安らかさとは異なり、力強い腕に抱かれている幼な子の優しく祝福された安らかさなのである。(24)

エディット・シュタインは後期の代表的著作である『有限なる存在と永遠なる存在』の副題に「存在の意味への登攀の試み」と記している。シュタインは一九二七年に公刊されたマルティン・ハイデガーの『存在と時間』の副題である「存在の意味への問い」を明らかに意識しながらも、「存在の意味」を単なる「問い」にとどめず、「登攀」という表現によって、人間の全存在を賭した霊的な道行き、すなわち、人間の理性の射程を越えた存在である第一存在としての神への探求の道を意図していることである。ここでは知的営為にとどまらず、永遠なる存在である神へと動的に脱自的に、自らが過ぎ越しゆこうとする魂の道行きそのものがテーマとなっている。ここにわれわれは思想と霊性をつなぐ糸を見いだしうるのである。この著作のなかで、シュタインは近代、現代の哲学が置き去りにしている根源的な存在論的課題、神の問題を真正面から取り上げる。シュタインの問題意識は次の言葉に明確に表されている。

中世の哲学の再生と二〇世紀の哲学の新生は永遠の哲学（philosophia perennis）という一つの川床で出会うことができるだろうか[25]。

ここでシュタインが言う「永遠の哲学[26]」とは何であろうか。シュタインは次のように述べる。

哲学ということは次の二つのことを意味する。すなわち生き生きと哲学をすることと、永続的な精神的態度である。「永遠の哲学」というとき、わたしはそこで学派のようなものをさすのではなく、人間の魂の真の存在への絶えざる探求である。[27]

5　アビラのテレサと「ペルソナの核」としての魂

「人間の魂の真の存在への絶えざる探求」は、シュタインにおいて自身が所属することになったカルメル修道会の神秘家、アビラのテレサと十字架のヨハネの霊性との出会いによって、さらに深められてゆく。

シュタインのペルソナ論にテレサが与えた決定的な影響[28]は、テレサの「霊魂の城」のイメージである。テレサは人間の魂の中心に神が住まっていることのイメージを「霊魂の城」、「神の住まい」というイメージでとらえる。

わたしたちの霊魂を完全に一つのダイヤモンド、あるいは清澄透明な水晶からできている城として見つめることにします。[29]

この霊魂にはどんなに素晴らしいものがあるのか、霊魂内にどなたが住んでおられるのか、あるいはこの霊魂の偉大な価値などについて私たちはまったく考えないでしょう。(30)

これらの住まいの中央には最も高貴な部屋があります。この部屋において、神と霊魂との間にきわめて神秘的なことが行われます。(31)

同様のイメージは、『完徳の道』においても、「金と貴重な石でできた宮殿には王（神）(32)が住まう」(33)と記されている。テレサが描写する魂は、フッサールの「純粋自我」のようなものではない。それは多くの部屋をもつ奥の深い空間である。テレサにとって、神と出会い、神と一つに結ばれるところは、魂の最深奥においてなのである。

シュタインはテレサの霊性を現代的な枠組みで理解し、「ペルソナの核」(Kern der Person)(34)となるものを神と人間が交わることができる魂の最深奥（Tiefe der Seele）(35)に見いだす。

（人間の）魂は多くの住まいをもつ空間（Raum）であり、身体的・心的・精神的な全体性の中心にあるものである。そこにおいて私は自由に動き、外へ向かうこともできるが、自

身のうちに退くこともできる。(36)

シュタインが「ペルソナの核」と呼ぶものは、「魂の深み」または、「魂の最深奥」と同義であり、そこにおいてこそペルソナとしてのわたしは究極の安住の場を見いだすのである。テレサは霊魂の城の奥に神が住まうと述べ、この魂の最深奥で神と一つに結ばれることが祈りの最も高次な段階であるとする。シュタインはこのテレサの霊性を受けつぎながらも、魂の深みにおいて祈りの最高段階に到達するだけでなく、自由な決断のうちに自分自身を与えることができる、という実存的な観点を加えている。

魂の中心はそこで良心の声が聞かれるところでもあり、自由な人格的な決断が行われるところでもある。神との愛の一致は自由に人格的に自分自身を与えることであるから、自由な決断が行われるところは、すなわち神との自由な一致が実現するところでもある。アビラのテレサが神の意志に自分の意志を委ねることは、(神との)一致に至る本質的な点である、と主張していることはうなずけることである。私たちの意志を放棄するということは、神が私たちのもっているすべてのものを、わたしたちが行うすべてのことを要求されることを意味している。「献身」（Hingabe）は私たちの聖性の尺度となる。私たちの力によるのではなく、神からの自由な贈り物である神秘的な一致の条件となるものが「献身」である。特別な神秘的な恵みを受けていない人であっても、魂の中心から生きることによって、自分自身と自分の生活が形成されていく可能性があるのである。[37]

人間の魂は神から離れては存在しえない。シュタインは「神は魂のもっとも深い最奥のところに見いだされる」[38]とし、「人は魂のもっとも深いところにおいて生きるよう呼ばれている」[39]と述べている。したがって、「神との一致は魂の最も深い根底、最深奥において行われる」としている。魂が神自身へと上昇することは、魂が最深奥にいることを意味する。

6　交わりとしてのペルソナ

テレサが愛と祈りが一つの行為であると理解していたように、シュタインも愛こそが神と人間の架け橋となるものであり、祈りとは愛そのものであるということを強調する。ペルソナをペルソナたらしめる本質的な側面は愛における交わりにあるという点においてはテレサとシュタインの理解は共通している。

愛はその究極の意味において、自分自身を分かち与え、愛する者と一つになることである。神聖な精神、神の生命、神の愛を知る者は、次のことを悟るようになる。神のみ旨を行う者に対して、神はすべてのことを可能にされるということである。自分の最深奥に存在する方に自身を捧げることによって、つまり、神が望まれることを行うことを通して、神の生命はその人自身の内的な生命に参与するようになる。そのようにして、人は自分自身のなかへと入っていくことによって、自らのうちに神を見いだすようになるのである。(40)

神のみがすべての造られた精神を完全に理解する。自分を神に与える者は、神との愛の一致、すなわち存在の最高の完成に到達する。そこで到達する愛は、認識、自分の心を与えること、自由な行為でもある。存在の最高の完成は全く神に向けられたものであるが、その神聖な愛との一致のうちに、造られた精神はまた自分自身を知り、自分を安らかに、自由に受け入れるのである。神に自分自身を与えることは、同時に神に愛される自分、そしてすべての被造物、ことに神が結ばれている精神的な存在に自身を与えることでもある。(41)

シュタインは愛ということを「そこに向かって自らを与えること＝献身」（Hingabe）と同義に理解している。シュタインにおいて愛は、人間との関わりは創造主と被造物との関わりで捉えられていて、人間と神はそれぞれの異なる実在性を尊重しながら、互いに与え合う。テレサにおいては、神と人間との親しい友情という親密なふれあい、愛の情感として感じられ、味わうことができるものが優先され、愛は神秘的融合・一致という融合または一致の方向へ向かうのである。

さらにシュタインはペルソナと自由との関係を次のように述べる。

われわれはペルソナを意識的で自由な存在として定義する。この「わたし」は自由な存在である。なぜなら自由な行為において自分自身によって人生を決定することができるからである。この自由な行為こそがペルソナの最も優位な部分を構成する。(42)

7　身体・魂・精神の統一体としてのペルソナ

エディット・シュタインはペルソナを身体・魂・精神の統一体として次のように理解してい

る。(43)

魂は身体・魂・精神の統一体の中心における場である。……霊的な魂としての魂は事物、人々、出来事の世界――自分自身の上にある世界への洞察を受け取りながら、この世界と関わり、その影響を受け入れる。しかしながら、魂はそのもっとも厳密な意味において、自分自身のなかにある。なぜなら魂において、ペルソナとしての私は根源的な家に住まうからである。この魂において感覚の世界、精神の世界から入ってくるすべてのものを受け取る。魂の内奥においてこれらの世界から入ってくるすべてのものが計られ、判断される。……アビラのテレサの描く内的な城としての魂は、(フッサールの)純粋自我のようなものではなく、「空間的」なものである。魂は多くの部屋をもった空間であり、そこにおいて私は自由に動き、自分自身を越えるところへと向かい、自分自身の内奥に安らうことができる。そしてこの空間は個人的な生活を営むことができるようになるために満たされなければならないが、それ自体けっして空っぽなものではない。(44)

シュタインのペルソナ論はフッサールの現象学の方法論を出発点としているが、フッサールの「純粋自我」の概念にとどまるものではなかった。トマスの存在論に出会い、さらにはカルメル会のアビラのテレサとの邂逅によって、「魂は人間の核である」という理解がシュタインのペルソナ論の中心をなしている。人間の魂のもっとも深いところにおいて、神と交わり、また他者へとひらかれていることにペルソナの本質がある。「交わり」、「愛」、「自由」というシュタインのペルソナ論に見られる実存的で倫理的な面は、現代の多くの思想家と問題意識を共有するものであろう。人間が神に向かい、神のもつペルソナ性を分かち合うことにこそ、近代の人間中心主義が回避していた人間の真の尊厳が見いだされるとシュタインは考えているのである。

第七章　トマスの思想との邂逅

1　キリスト者としての哲学

一九二一年に洗礼を受け、一九二三年にシュパイアーで教師となったエディット・シュタインは教育者としての活動をしたのみならず、キリスト教の信仰の世界に入ったことによって、哲学研究の意味と哲学が目ざすものについて、新たに問い直そうとしていた。シュタインがシュパイアーに赴任してから後に発表された最初の二つの論文は、この時期のシュタインの哲学的関心の方向性を示している。「心理学と精神科学の哲学的基礎づけ――第一部、心理的因果性、第二部、社会と個人」（一九二二年）と「国家研究」（一九二五年）は、いずれもフッサールの編集による『哲学および現象学研究年報』に発表された。これらの論文において個人、そして社会としての国家は、いずれもそれ自体で完結されたものではなく、神に向かって開かれ、そこに完全な充足を見いだすということが論じられている。この二点の論文は、シュタインが回心し、信仰への道を歩み始めた時期に書かれており、彼女の信仰生活がその哲学的思索にどのような影響を及ぼしているかを知る上で、重要なものである。

さらに、カトリックの信仰に入ってから後のシュタインの思想的歩みに大きな影響をもたらしたのは、トマス・アクィナスの思想であった。シュタインは、トマスの思想と出会うことなしに、信仰者として哲学探究の道を深めることはできなかったであろう。トマスの思想が、その後のシュタインの思想と霊性にもたらした影響は、フッサールの現象学にまさるとも劣らないほど決定的なものであった。シュタインは、彼女の哲学的主著となった『有限なる存在と永遠なる存在』（一九二五―三六年）の序文で、トマス研究を始めるようになった経緯について、次のように述べている。

私は、自分の書いた論文がフッサールの編集する『哲学および現象学研究年報』に掲載されて、私の名前が知られるようになった頃に、哲学的活動を中断した。そしてもはや公的な地位のことは考えなくなったのである。私はキリストの道と教会を見いだし、信仰生活から何らかの実践的な結果を引き出すことで頭がいっぱいになっていた。シュパイアーのドミニコ会の学校で教鞭をとっていた間、私はカトリックの環境になじむようになった。まもなくして、私は、カトリックの世界を規定している明瞭な本質について学び、理解したいと思うようになったのである。聖トマス・アクィナスの著作を学び始めたのも当然の成り行きであった(1)。

シュタインがカトリックの洗礼を受けてから数年後、彼女の信仰生活が深まっていったこの時期に、トマスの思想に学ぶようになったのは、機が熟していたといえよう。シュタインがトマスから学んだことは多くあったが、まず何よりも、トマスの哲学研究の姿勢、真理に対して自らを開いていくという、信仰に根ざした学究者の生き方を知ったことであった。シュタインは、次のように述べている。

観想生活において、この世との絆を断ち切ってはいけないのだということを悟るようになった。聖トマスに学ぶまでは、私は学問研究を神への奉仕の仕事として成し遂げることが可能なのだということを、十分には理解してなかった。そして私は、初めて学問の仕事に真剣に打ち込むようになったのである。(2)

シュタインが理解したように、トマスにおいては、学問研究を通しての知性の探究と、真理の観想はつねに一つに結ばれていた。トマスによれば、学問研究の道は、理性による単なる知的活動にとどまらず、つねに神への奉仕に結びつくものであった。シュタインは、トマスの思想のなかに、ひざまずく学者の姿勢を読みとった。トマスによれば、哲学研究の意味は、誰が何を考えたかを知ることではなく、事柄自体の真理はいかなるものかを知ることにある。

事柄自体の真理とは、ほかならぬ神自身であって、それはあらゆる人間的理解を越える神秘であり、人間存在をみずからのもとに引き寄せる源泉として現存しているのである。シュタインはトマスを通して、学問と観想、合理的認識と信仰の理解というテーマにも関心をもつようになるのである。

長年フッサールが創始した現象学派のなかで育てられ、哲学研究の道を歩んできたシュタインにとって、トマスの思想は未知のものであり、それまで学んできた現象学の世界とは異なるものであった。また膨大な量に及ぶトマスの著作を通観し、スコラ学の用語とトマスの文体に親しむことは、並々ならぬ努力を要することであった。かつてフッサールの哲学入門演習を担当していたとき、そのクラスのことを〈哲学の幼稚園〉と称していたシュタインであったが、トマスを学び始めるにあたって、彼女は初心に立ち返って、忍耐強く、謙虚に学び直さなければならなかったのである。

2 『真理論』の翻訳

シュタインはゲッティンゲンで哲学をともに学んだ友人のフリッツ・カウフマン（Fritz Kaufmann 一八九一―一九五八年）に宛てた一九二五年九月一三日の手紙のなかで、回心とその後の心境について、次のように述べている。

教職のほかにこの二年間私はトマスの翻訳を手がけてきた。この仕事を進めるなかで、私はより大きな仕事、つまり聖トマスを学術的、批判的に取り扱うことをしたいと考えるようになった。そこでトマスの『真理論』についての研究を始めたが、この研究を続けるための次の段階に至っていない。私はこの研究が何をもたらすか、思案中である。(3)

この手紙からは修道院に寄宿しながら教師としての仕事に没頭するなかで、トマスの『真理論』の翻訳に着手し、シュタインが哲学研究への本格的復帰を決めかねていることがわかる。この時点では翻訳中心の仕事に専念していたと見られる。

シュタインにトマス・アクィナスの思想を研究するよう勧めたのは、イエズス会の哲学者エーリッヒ・プシワラ（Erich Przywara　一八八九―一九六九年）であった。プシワラは、アウグスティヌス、トマス、イグナチウス・デ・ロヨラ、ニューマンなどの思想を受け継ぎながら、独自の宗教哲学を構築していたが、現象学の発展にも関心を寄せ、伝統的スコラ学と現代哲学との関わりを探究しようとしていた。

シュタインがトマスの思想に親しむにあたって『真理論』の翻訳を手がけたということは、シュタインのその後の思想的展開を理解するための重要な鍵となる。『真理論』は、トマスが一二五六年から五九年にかけてパリ大学神学部で最初に行った討論をまとめたものである。討論は中世の大学に特有の授業形式で、『真理論』のなかには二九問題、二五三項が盛りこまれていて、主題である真理に関する問題、善について、神的知識、精神、意志をめぐる諸問題が論じられている。このなかでも第一問題第一項で取り上げられている「真理とは何か」という問題は、哲学史上、真理の問題を論じる際にきわめて重要な意義をもっている。トマスの真理論は、現代哲学、とくに現象学が論究しようとしている真理理解とは決定的に異なる点をもっている。トマスによれば真理とは、すべての探究が到達することを目ざしている第一の真理であり、究極的にはそれは永遠的で神的な真理であった。トマスにおいて、認識論は存在論と結びついている。トマスは真理探求の出発点を人間の認識の営みに求めた。真理は認識能力としての人間の知性のうらに見いだされるものであると、トマスは考える。そこにおいて、自己のうちに自己を越えたところを認識できる知性（intellectus）と、概念的、論弁的な認識能力である理性（ratio）は区別される。知性が最初に認識するものは、「存在するもの」（ens）であり、「存在するもの」についての探究は、ただ何かが事実そこに在ると知覚される段階を越えて、質料（materia）に統一を与え、本質を形づくるところの形相（forma）を見いだすことにある。トマスの真理論は、「存在するもの」（ens）がそれによって存在し、またそれに基づいて認識される根拠としての「存在」（esse）を探究していくことにほかならなかった。

シュタインはトマスの存在論を、現象学者としての立場から理解しようとする。『真理論』の翻訳において、シュタインが試みた訳は単なる言葉の置き代えにすぎないものではなかった。この点について、シュタインは自身のことを「彼女」と三人称で語り、次のように自身の哲学的立脚点を説明している。

この著作（『無限なる存在と永遠なる存在』）は初心者によって初心者のために書かれたものである。他の多くの研究者がその道で師と呼ばれるにふさわしい仕事を成し遂げた時に、著者は新しいことに着手しなければならなかった。彼女はエドムント・フッサールの学派で学び、現象学的方法論によってフッサールの『哲学および現象学研究年報』で哲学的論文を発表してきた。彼女の名は哲学的活動を中断した時期に世間に知られるようになった。その当時彼女は哲学的活動を続けるとは考えていなかった。彼女はキリストとその教会への道を見いだし、新しい仕事に従事したことから哲学的活動から遠ざかっていた。シュパイアーにあるドミニコ会の学校で教鞭を取っていた間、彼女はカトリックの生活になじむようになった。そしてカトリックの世界の知的な基礎に精通したいという望みをもつようになった。そこでまず、聖トマス・アクィナスの著作を読むことからはじめた。彼女はトマスの『真理論』を翻訳することによって、哲学界に復帰したのである。

トマスは真摯で意欲的な学徒を見つけた。しかしながら、彼女はもはや白紙（tabula rasa）の状態ではなかった。彼女は以前にしっかりと植えつけられた現象学的な土台を無視できなかったのである。そこで、彼女の理性は二つの哲学的な世界の弁証法的解明することに向けられた。このテーマについてフッサールの還暦記念論文集に「フッサールの現象学と聖トマス・アクィナス」という論文を発表した。その間、著者はトマスの『真理論』の翻訳を進めていた。この翻訳作業において、著者はより大きなスケールでフッサールとトマスの基本的概念を明確にしなければならなかった(4)。

ここでシュタインは現象学者としてトマスと出会い、対峙したことを明確に語っている。彼女の現象学の素養と立脚点は、現代においてトマスの思想をどのように翻訳し、解釈するのかという課題をもたらした。

著名なトマス学者のグラープマン(Martin Grabmann 一八七五―一九四九年)は『真理論』の序文のなかで「エディット・シュタインは、トマスの用語の特色をそこなうことなく、トマスの思想を現代的な言葉で表現し、流暢なドイツ語でトマスの思考過程を再現させた(5)」と評している。またプシワラはシュタインの翻訳の特色を次のような点に見いだしている。

この翻訳の卓越した点は、その完全なバランスにある。そこにおいて、ドイツ語を通してトマスのラテン語の明晰さが輝き出ているのである。他方では、豊富な註と訳出の仕方によって、すべてが生きた現代哲学の形をとって表れている。どの箇所をとってみても、そこに見いだされるのはトマスであり、トマスのみである。しかし同時に、トマスはフッサール、シェーラー、ハイデガーと対決している。エディット・シュタインは独自の哲学者として、現象学の用語を自在に駆使しながらも、決してトマスの言葉を置き代えることはしていない。そこには両者へと通じる扉が思いのままに開かれているのである。この点にこそ、この優れた翻訳のもっとも重要な意義があると思われる(6)。

さらにプシワラは、エディット・シュタインについて次のような言葉を寄せている。

エディット・シュタインには、たしかに特別な資質があった。彼女は、生粋のユダヤ人の血を引いていながら、同時に真のドイツ人女性であった。ここからエディット・シュタインの非常に優れた特性が生まれてきた。つまり、古典的で哲学的な厳密さというもの（フッサールとトマスとの結びつきを研究したことによく表れているように）と、バッハや教会の古典的で素朴な聖歌を愛好したことにも見られるような深い芸術的気質は、彼女の内にあるものを表している偉大なしるしであった。彼女の哲学的な課題である人間の宇宙への関わりということ——つまり、この世界の被造物という有限な存在において、永遠の存在が顕現するということが、彼女自身のうちに受肉していた。彼女は永遠の宇宙の輝きとも言うべき聡明さをもっていたと同時に、真の人間性を備えた女性でもあった。彼女は、二つの精神的特徴を合わせ持っていたのである。女性的な包容力と、相手の伴侶となることができる共感能力、そして同時に非常に男性的な客観性が彼女には備わっていた。(7)

このプシワラのエディット・シュタインについての見解は、彼女の人格と思想を的確に述べている。シュタインの人格の根幹にある客観性と真の女性性、共感性の融合こそが、エディット・シュタインの真の姿であろう。それは、哲学と信仰が、彼女の人格と学問において緊張をはらみながら見事な統一をなしていることを意味する。

3　哲学的「使命」としての現象学とスコラ学との対峙

シュタインが一九二七年前後に哲学研究に本格的に復帰する決意をした背景には、単に大学での教授の職を探すというキャリアの問題以上に、新たな哲学的課題を見いだしていたことが、当時の手紙から窺える。

もし教育アカデミーでの仕事を引き受けるならば、私は心理学も教えなければならない。

そのことによって、私の本来の使命と思われること[8]――すなわちスコラ学と現代哲学を対峙させることができなくなってしまうであろう[9]。

この手紙に明らかに記されているように、シュタインにとってトマスのスコラ学と現代哲学――とりわけ現象学を対峙させることは哲学者としての彼女に託された使命（Aufgabe）であった。彼女に与えられた本来の使命とは、学問としての哲学研究であるのみならず、彼女の一生を貫く情熱であった。彼女の思索の途上で熟成されつつあった「使命」は、シュタインを二度目の教授資格申請論文の準備に着手させた。

シュタインが自分に託された「本来の使命」についてふれている手紙が書かれた三週間後に、シュタインはフライブルクにフィンケ（Heinrich Finke 一八五五―一九三八年）、哲学教授のハイデガー、そしてもう一人の哲学教授のマルティン・ホーネッカー（Martin Honecker 一八八八―一九四一年）を訪ね、教授資格申請論文の提出について話し合った。ホーネッカーはカトリックの思想に造詣があるとみなされていたため、ハイデガーはシュタインに論文をホーネッカーに提出するよう促した。この時、ホーネッカーは論文を提出することを承認した、とシュタインの手紙には記されている[10]。この三日後、シュタインは早速論文の執筆に取りかかった。論文のテーマは以前から研究を進めていたトマスの思想を現代哲学、特に現象学の立場から解釈するもので、『現勢態と可能態』という題目であった。この論文は一九三一年の夏に完成し、教授資格申請論文として、フッサール、ハイデガー、ホーネッカーに提出された。カトリックの哲学教授であったホーネッカーが論文審査の主査を務めることになっていた。しかしながらホーネッカーは論文を終わりまで読むことなく、同年、一一月に大学の経済状況の悪化を理由に大学教授資格申請論文の提出を取り下げるよう、シュタインに勧告したのである。

一九二八年シュタインは、フッサールの還暦記念論文集にフッサールとトマスの哲学に関する論文を寄稿する準備に取りかかった。フッサールの還暦記念論文集への寄稿論文は当初、「哲学とは何か――エドムント・フッサールとトマス・アクィナスの対話[11]」と題され、フッサールとトマスの二人の哲学者が対話をする形式で書かれたが、マルティン・ハイデガーがこの形式の論文を還暦記念論文集に掲載することを躊躇したため、学術論文として推敲されたものが公刊された。このフッサールとトマスの対話形式のエッセイからはシュタインの想像力豊かな哲学的対話の姿勢が伝わってくる。シュタインがフッサールとトマスとの出会いの場を想像のなかでどのように設定したか知るために貴重なエッセイであるので、ここにその冒頭の場面を紹介することにしたい。

フッサールとトマスの対話は、フッサールの六〇歳の誕生日の夜、お祝いにかけつけた人々が去り、静かな夜の訪れとともに始まる。

一九二九年四月八日、フライブルクのフッサールの書斎にて

フッサール　私の良き訪問者たちは、誕生日のお祝いにかけつけてくれた。その人々のひとりひとりと会うことができた。私はいつも夜ぐっすり眠れる方なのだが、このような日のあとで、リラックスすることは難しいものだ。実際に今日のように多くの人々と会った後には、私の頭をもとに戻すために、哲学についてじっくりと語り合うのがふさわしいだろう。

（ドアのノックの音）こんなに遅くに？　どうぞお入りください。

白い修道服に黒のマントを羽織った修道者　教授、夜このように遅くなってお邪魔しますことをお許しください。……私は今日、教授と二人だけで語り合いたいと思ってまいりました。……あなたの哲学がどのように始まり、展開したか、大きな関心をもっておりました。教授のことについては、あなたの弟子から伺っておりました。私はトマス・アクィナスです。私はあなたと哲学についてお話したいと思って参りました。

当初執筆された対話形式のエッセイは、その後シュタインが宗教的なテーマでエッセイを執筆した時にも用いられた形式で、彼女が好んだスタイルである。シュタインの対話形式のエッセイには時代と場所を超えて、過去に生きた哲学者、宗教者、神秘家がともにそこに居合せ、討論をするというもので、彼女独特の機知に富んだユーモアと想像力あふれるエッセイからは、私たちもその対話の場にともに居合わせ、討論に引き込まれるような臨場感さえ感じられる。私たちが時と場の隔たりを超えて、相交わること、一つの事柄について時間をかけて討論することは、まさに哲学的な対話にふさわしいものである。実際彼女自身、フッサールとトマスの対話のなかに身を置きながら、現象学とトマスの思想との対峙を深めていったのである。

4　現象学者としてトマスを読む

シュタインがトマスの思想のどのような点に現象学との接点を見いだしたか論じる前に、シュタインが学び、理解していた現象学はどのようなものであったかについて簡単にふれておきたい。シュタインにフッサールのもとで哲学を学ぶ決心をさせたのは、フッサールが一九〇〇年に発表した『論理学研究』であった。フッサールは『論理学研究』において、主観主義的、心理学的傾向の論理学を断ち切り、あらゆる認識に客観的意味と理論的統一を与えるものとしての純粋論理学の確立、客観主義の立場を明らかにした。ここにおいて、固有な意味での現象学と呼ばれるフッサールの哲学が成立する。

シュタインは『自叙伝』のなかで、「フッサールがいつも強調していたことは、厳密な客観性と徹底性、学問への知的誠実さであった」と述べている。現象学は、偏見と臆見にとらわれることなく「事象そのものへ」と向かっていく哲学的姿勢を要求する。現象学が対象としている現象とは、事実としての現象ではなく、真理の認識を可能にするための純粋意識の体験である。シュタインがゲッティゲン大学に在学していた一九一六年から一七年にかけて、フッサールの哲学的展開は中期にさしかかり一九一三年に公刊された『イデーン』第一巻において、現象学的還元とよばれる新たな現象学的方法が導入された。これは自然的見方に属するものの妥当性を括弧に入れ、判断中止《エポケー》を行うことによってもなおそこに残留する純粋意識の領域の探究に、現象学の課題を見いだすものである。

シュタインはフッサールの助手をしていた間に『イデーン』第二巻、『論理学研究』の第六研究、『内的時間意識の現象学』の草稿を整理し、編集する仕事を委任されたが、このころからフッサールの超越論的現象学への転回には容認できない点があると考えていた。シュタインがフッサールから学び、自らの思想を築く基礎としたのは、いかなる主観的恣意も許されない「厳密な学としての哲学」、すべての客観的真理と学問の形式的な根本的枠組みとしての現象学を確立することであった。現象学が「事象それそのもの」に迫っていく学問であると言われるとき、「事象それそのもの」とは、感性的な経験に依拠した個別的事物ではなく、普遍的な理念、または事物の本質である。シュタインは、現象学に見られる客観への転向と本質探究こそが、哲学を普遍的な自由の高みへと切り拓く道になるものだと理解していた。しかしフッサールの超越論的現象学への移行は、哲学的探究の出発点を主観に見いだすものであり、そこにおいてあらゆる主観の相対性から自由なものとしての「客観への転向」は放棄されたのだと、シュタインは考える。

フッサールにおいて現象学の出発点として措定される「純粋自我」、「超越論的自我」とは、徹底した懐疑的考察が見いだすことができる疑うことのできない確実な、純粋な主体である。この純化された意識に対して、可能的な対象的世界がいかなる仕方で構成されているかを明らかにすることが、現象学の課題であるとフッサールは主張する。この点においてシュタインは、フッサールと対立する。主観性を哲学探究の出発点とするフッサールには「自我中心的」方向づけが見られ、「神中心的」方向づけをもつトマスの哲学とは明らかに異なるものである、とシュタインは結論づける。

5　第一の哲学としての形而上学

シュタインのトマス研究の成果は、まず一九二九年にフッサールの七〇歳の誕生日を記念する論文集に掲載された論文「フッサールの現象学と聖トマス・アクィナスの哲学、対決の試み(12)」として発表された。この論文のなかでシュタインは、フッサールの現象学とトマスのスコラ学との本質的な類似点と差異点を明らかにしている。

哲学をどのような学問として位置づけるかということについて、フッサールとトマスの間に共通理解があるとシュタインは考える。すなわち、哲学とはすべての学問を基礎づけるものとしての普遍学として捉えられなければならないという点である。トマスもフッサールも可能な限り普遍的な、堅固に根拠づけられた世界理解を獲得することが哲学の課題であると考えていた点においては一致している。哲学は、第一の真理を探究する「第一哲学」でなければならない。フッサールの言葉に従うならば、哲学は個人的な感情や意見に基づくものではなく、真摯で客観的な理性によって遂行される「厳密な学としての哲学」なのである。しかし第一の哲学への問いを探究することにおいて、トマスとフッサールはまったく異なった方向づけをとる。フッサールにおいて第一の哲学とは、超越論的主観性の領域に限定された認識論なのである。理性はフッサールにとっては、自然的理性であり、認識は自然的な理性的認識を意味する。この点に関してシュタインはトマスにならって、自然的理性と超自然的理性を区別して理解する。自然的理性のみに依拠する哲学には限界があることをシュタインは論じている。「理性はもしそれ自体の光によって見いだすことのできるものに固執し、より高次の光によって見えるものに目を閉ざすならば、非理性的なものになってしまうだろう(13)」とシュタインは述べる。シュタインにとってキリスト教哲学とは、超自然的理性、すなわち信仰によって探究可能なものになるのである。シュタインはトマスにおける哲学と神学の補完性について、次のように述べている。

存在するものと存在についての科学である純粋哲学は、その究極の根底において、自然的理性によって到達される限り、最高の到達可能な完全性に行きついたとしても、本質的には不完全なものである。哲学は神学へと開かれ、神学によって完成されるのである(14)。

ここでシュタインは形而上学において哲学と神学が一つに結びつくと主張しているのではない。哲学は神学によって、自然的理性は超自然的理性によって補完されなければならないのである。したがって哲学は第一の哲学を探究する限りにおいて、形而上学、存在論を樹立することに向かう。第一の真理は神であるから、第一の哲学の課題は神から生じる。このようにしてシュタインにとって、第一の真理としての「存在」への問いは、哲学の中心的、根本的課題となるのである。

6　永遠なる存在への登攀

一九三〇年から三一年にかけて、シュタインはフライブルク大学に教授資格取得論文として提出する予定であった『現勢態と可能態』を書き下ろした。この論文は公刊されなかったが、ケルンのカルメル会に入った後、一九三五年から三六年に『現勢態と可能態』を改稿し、彼女の宗教哲学の集大成とも言える『有限なる存在と永遠なる存在――存在の意味への登攀の試み』が完成した。シュタインの哲学的主著となったこの著作では、現代哲学において回避されている永遠なる存在、神の問題が現象学的思惟のなかで、トマス、ハイデガー、フッサールら

の哲学との対話のうちに考察され、再構築されている。(15)

現象学者としてトマスと向き合うことは、シュタインに新たな哲学的課題と方向性を与えた。それは彼女の言葉によれば「中世の思考と現代の哲学の総合」である。シュタインが現代哲学、特に現象学とスコラ学を対峙させる際に目指していたものは、哲学的方法論と体系についての対比ではなく、時代を超えて哲学者の魂に息づく真理への探究、すなわち存在論の構築にあった。

シュタインは『有限なる存在と永遠なる存在』の序論で、彼女が試みる新たな思想的課題について、次のように述べている。

中世の哲学の再生と二十世紀の哲学の新生は、永遠の哲学（philosophia perennis）という一つの川床で出会うことができるだろうか。(16)

ここでシュタインが「永遠の哲学」(17)によって意味しているものは、完結した教説体系のことではなく、すべての生来の哲学者に脈打つ真の哲学的思索の精神であり、根源的な存在への探究心であった。特定の立場、方法論に同化するものとしての現象学的思惟ではなく、事象そのものに迫りつつ、事象そのものへの見方を披く思惟は、今・ここで二〇世紀の哲学者の手によって現代に賦活する意味と解釈を与えられたのである。真の哲学的思索の精神と根源的な存在へのあくなき探究を深める途上で、思想家、哲学者が時空を越えて出会い、交わる場へと導かれ、西洋哲学の根底に地下水脈として流れる「永遠の哲学」の新生に立ち会うことこそ、エディット・シュタインが生涯を通して探究しようとしたものであり、彼女のトマス解釈もその試みの一端である。

第八章　ナチス迫害下での社会思想の展開

1　政治的、社会的関心と思想

エディット・シュタインの思想と霊性は社会的な側面をもっている。彼女の関心は、哲学研究や教育以外の領域にも向けられ、二〇歳代のころからシュタインは積極的に政治や社会の運動に関わっていた。ナチスの台頭については、自ら何ができるか、どのようにナチスに抵抗し、正義を訴えることができるかということについて真剣に考えていた。そうしたシュタインの実践的で行動的な側面は、単なるイデオロギーやスローガンにつきるものではなく、霊性に根ざした社会性をもっていたことを解き明かすことにしたい。

本章では、エディット・シュタイン思想と霊性を当時の政治的・社会的なコンテクストに位置づけ、ナチ迫害下での人権思想をシュタインがどのように展開しているか探る。まずシュタインの国家論について、そして人権思想について知る手がかりとして、初期の現象学的著作の一つである『国家研究』(1)を中心に検討する。シュタインの国家論とナチスのユダヤ人迫害に対する見解は純粋に思弁的なレベルにとどまることなく、政治的・社会的な脈絡のなかでつねにその全体像と結びつけて理解されなければならない。シュタイン思想のうちに見られる政治的、倫理的な側面に光を当て、その思想が霊的に深められてゆく軌跡を辿ることにする。

シュタインがナチ政権下でのユダヤ人の状況に憂慮の念を表明し、カトリック教会がナチスに対する具体的な姿勢を表明することを要請した、ローマ教皇ピオ一一世への書簡を紹介する。シュタインの生涯はナチスのユダヤ人迫害の時期に大きな転換期を迎え、社会でのすべての活動を奪われたシュタインは、かねてより心に暖めていたカルメル会修道院への入会を決意する。しかしながらシュタインのカルメル会への入会は、世間での活動を断念した末に逢着した決断ではなかった。シュタインの召命は同胞であるユダヤ人との連帯とそのキリスト教的理解にもとづく使命に関わるものであったということを、シュタインの手記「私はいかにしてケルンのカルメル会に入ったか」[2]から明らかにする。シュタインはカルメル会でユダヤ人の身にふりかかった苦難をともに担いながら霊的な殉教の生活を送っていた。ナチスによるユダヤ人大虐殺、「絶滅の檻」は、彼女にとって十字架のキリストと一つになり、自らの命を捧げる場でもあった。ナチス迫害下での人権問題についてのシュタインの哲学的、霊的理解を解き明かすことが本章の論究の目的である。

シュタインはブレスラウ大学、ゲッティンゲン大学で歴史を学んでいた間、ドイツ・プロイセンの国家観の影響を受けた[3]。またこの時期にシュタインは強い社会的使命感を抱き、プロイセン婦人参政権協会に加入し、活発に活動を行っていた時期もある。[4] 後年シュタインはキリスト者となってからも「ユダヤ人である」ことと、「ドイツ人である」ことの両義性を意識し、この二つの民族に属しているという認識はシュタインの心性の基盤であった。[5]

シュタインは第一次世界大戦が勃発した翌年の一九一五年、ゲッティンゲンでの勉学を中断し、ヴァイスキルヒェンの野戦病院に赤十字の従軍看護婦として奉仕することを志願し、負傷した人々の看護にあたった。この時の心情を彼女は次のように回想している。「私的な生活はもう終わりを告げた。これから私の全力をこの戦争のために捧げよう。そして戦争が終わり、まだ私が存命していたら、その時にまた自分自身の生活を考えよう[6]」。愛国精神から学業を中断し、看護婦として働いた経験はシュタインに戦争、死、苦悩という実存的な生の現実に目を向けさせることになる。

2　国家論の形成

シュタインはエドムント・フッサール（Edmund Husserl 一八五九―一九三八年）の助手を辞した翌年、一九二〇年に『国家研究[7]』の執筆に取りかかった。フライブルク大学を去り、故郷のブレスラウに戻ったシュタインはドイツ民主党の活動に参加し、若者や女性のグループを鼓舞しようと努めたが、その活動も実をもたらさなかったばかりか、経済危機がドイツ国内を襲う。『国家研究』が記された一九二〇年から二一年にかけて、ドイツは一九一八年の第一次世界大戦に敗北し、政治情勢は不安定であった。シュタインの国家論が出版された一九二五年は奇しくもアドルフ・ヒトラーの『わが闘争』が公刊された年でもある。

『国家研究』はシュタインの学的活動の初期、現象学の影響が色濃い時期の著作であり、人間存在の社会性、共同性、国家をめぐるテーマが人間の精神構造の問題として現象学的に取り扱われている。したがって、シュタインが『国家研究』のなかで用いている哲学用語の多くは、現象学的な背景をもっていることに留意しなければならない。この著作は彼女がゲッティンゲン大学に提出する教授資格申請論文として用意していた論文の一つで、そこには当時のシュタインが直面していた精神的危機、さらにはキリスト教への接近と宗教的な思惟へのインパルスが論考の随所に見られる。シュタインの著作には初期から晩年のものを含め、何らかの形で彼女自身の内的生活が反映されており、シュタインの関心は自分の思想を生きるということにあったことがわかる。ここでは後年、ヒトラーとナチズムに対するシュタインの考え方がどのように形成されたかを探る上で手がかりとなる部分を中心に、シュタインの国家論を見てみることにしよう。

シュタインの国家論の特徴は、その「存在的な構造」（ontische Struktur）の分析にある。つまりここでは国家の歴史、あるいは実際の国家のあり方について論究されるよりも、国家の本質そのものが問題となっている。国家は無定形な集団としての「大衆」（Masse）[10]ではなく、また個人が他者との関わりをもたないモナド、単独者として規定された「社会」（Gesellschaft）[11]でもなく、精神性を基礎とする個々人の「共同体」（Gemeinschaft）である。シュタインによれば「共同体」は、そこで個々人が「共に生きている場」（Zusammensein）[12]、人と人が交わるところ、他者との出会いと交わりにおける共同体性（コイノーニア）であり、したがって共同体から連帯性、相互他者性、共生への道が披かれてくる。シュタインによれば、共同体の営みの基礎となる国の統治者は国家自体でなければならず、国家が一個人の力によって、あらゆる外圧によって規定されてはならない。民族共同体を包括する機構である国家は精神としての個々の人間の関係から理解されるのである。

通常われわれは国家を人格（Person）[13]として理解する。その場合、国家は精神（Geist）の領域に位置づけなければならない[14]。……われわれは共同体を「大衆」には欠けている精神的なもののなかに基礎づけなければならない。厳密な意味で個々人は互いに「他者と共に」（miteinander）生きている。それぞれは固有の経験に埋没してしまう大衆とは異なり、われわれにとって他者は個人の生の「同伴者」（Gefährten）として与えられた存在である。個人には共同体の一員としての自覚があり、また共同体もそれぞれの共同体の生活の主体である。

国家と人格との関わり、他者との共同の生の場である国家という概念は、シュタインが「人格の核」と呼んでいるものとの関係ではじめて理解できよう。シュタインは「人格」（Person）という概念に固有の意味を賦与している。すなわち人格とは、身体的・心的・霊的な統合を意味し(15)、個々の「人格的な核」（Persönlichkeitskern）に土台を置いている。『国家研究』においては「人格的な核」に宗教的な意味は直接的には言及されていないが、後年のシュタインの思想的発展のなかで「人格的な核」という考え方は宗教的にも重要な意味をもつようになる。「人格的な核」は個々の人間の魂の最深に存在し(16)、そこにおいてわれわれは他者や神と交わることができるのである(17)。

他者の生に参与していくという意味において「社会的な立場」は、シュタインにおいて重要な意味をもつ。国家共同体は、個々の人格と同様に進歩発展する可能性を有するのである。また国家の倫理的規範について、シュタインは次のように説明している。国家の倫理的価値は人格の価値であり、人格の自由の問題である。しかしながら、国家は法主体であり、文字通りのペルソナでもない。ここでシュタインは国家と法の関係にふれ、国家の管轄する共同体を道義的な共同体となす場合、国家は国内の支配的な道義を法的に規制するために、法を道義的規範に法らせる必要がある、とする(18)。

最後にシュタインの国家論は、宗教と国家との関わりについて取り上げている。地上の国家は国家固有の法に基礎を置き、神に礎を置くものではない。したがって国家意志と神意が二つの価値に引き裂かれる可能性がある。個人に与えられる神意、宗教的判断による個人の行為が国家と衝突する場合がありえる。国家が宗教的価値の担い手になりえず、また国家が個人の信仰生活に干渉するのは、人格性の欠如した、魂なき国家の形態である(19)。

『国家研究』はナチスの台頭以前に執筆されたものであったため、ナチスに対する直接的な言明は見られないが、人間は自由な人格として国家のうちに生き、宗教的、精神的な存在として国家から離脱する可能性があることをもシュタインは示唆している。シュタインが国家を魂なき機構、単なる有機的な対象として捉えるのではなく、共同の生に基礎をおく人格という観点から理解していることは注目される。[20] このことは「事象そのもの」へと肉薄しようとする現象学がシュタインにおいて対象的世界の存在的、本質的構造の探究に向かっていることを示している。精神の開示性、人間の他者への開きとしての個の人格の核が共同体、国家の形成を促す。先に述べたように、シュタインの国家論は政治論ではなく、存在的なペルソナ論に基づくものである。事象的な事柄から入り、精神の存在論へと向かうシュタインの思想のうねりは、やがてキリスト教哲学、中世哲学、神秘思想との出会いによって新しい方向性へと展開されてゆくのである。

3　ナチズムとユダヤ人問題

シュタインは哲学研究に取り組んだ初期から国家、共同体、民族という社会的なテーマについて関心をよせていたが、それらの社会的なテーマについての関心は、つねに実存的、倫理的な問題意識と結びつき、人間存在そのもののもつ宗教性を喚起させるものであった。特にカトリックの洗礼を受けた一九二二年以降、シュタインは時代的な要請に応え、人間学、女性論、教育学などの実践的なテーマをキリスト教的観点から基礎づける課題に取り組み、多くの論文を発表するようになる。他方では現象学的思惟とトマスのスコラ的存在論との出会いとスコラ学を現象学的観点から賦活させる試みに着手し、神の問題、根源的な存在論に現代的な意義を見いだした。シュタインの多岐に及ぶ研究テーマとその展開は初期の段階から晩年に至るまで彼女が「永遠の哲学」(philosophia perennis)[21]と呼ぶ精神によって貫かれ、哲学的思索と霊的生との結びつき、そして自分の思想を生きることへのたえざる献身こそが、多岐におよぶテーマとの生き生きとした対話を生み、シュタインの作品と思想の魅力になっているのである。シュタインの思想を貫く真理への献身とも言うべき精神は、ユダヤ人問題においても実践されていた。

一九三三年一月、ヒトラーが首相となり、「第三帝国」が成立し、ドイツ国民の間ではドイツ帝国を新しく偉大な時代へと導く指導者を受け入れる国民感情が高まっていった。ヒトラーの国家社会主義＝ナチスによって反ユダヤ主義が掲げられ、一九三三年の四月にはユダヤ人ボイコット運動がはじまった。このころのシュタインの手紙にはブレスラウにいる家族が商売や職業を失うことへの不安、自分自身の身上についての憂慮の念がしるされているが、主にすべてを委ねる信仰者としての透徹した霊的境涯も赤裸に綴られている。[22]当時シュタインはミュンスターの教育学研究所の講師として人間学、哲学、教育学を教え、ミュンスターでユダヤ人ボイコットの現場に遭遇することもあった。当時のカトリック教会はヒトラーのユダヤ人政策についての認識に欠いていることを痛感したシュタインは、即座に教会に対して自分の意見を表明することを憚らなかった。彼女の手記を引用してみよう。

私はユダヤ人問題について何か具体的なことができないものか、とつねに考え続けました。私はローマへ行き、回勅を発布していただくために教皇に私的な謁見を願い出ることにしました。しかし、私個人の立場でそのようなことを願い出ることはしませんでした。私は何年か前に私的な誓願を立てていました。

私はボイロンを霊的な拠り所にし、ボイロンのラファエル・ヴァルツァー〔Raphael Walzer 一八八八―一九六六年〕大修道院長を私の長上とすることをゆるされておりましたので、この問題についても修道院長に相談し、指導を仰ぎたいと思いました。……

ローマで教皇に私的謁見を願い出る件について修道院長に相談してみましたところ、非常に大勢の人々が謁見を願い出ているため、私的謁見は無理であるとのお答えでした。もし許されたとしても、少人数のグループでの教皇謁見であろうとのことでした。しかしそれでは私の目的が果たせないため、ローマへ行くことは断念し、その代わりに教皇に個人的な書簡を託することにしました。[23]

4　教皇ピオ一一世への書簡

シュタインがローマ教皇ピオ一一世に送った書簡は、ヴァティカンの機密文書館に保管されたまま、その内容は長い間、公にされることはなかった。しかし二〇〇三年二月、ヴァティカンの資料室の機密文書の一部が公開された。[24] 以下、シュタインが教皇ピオ一一世に宛てた書簡を引用する。

ピオ一一世教皇聖下

私はユダヤ民族の娘であり、神の恵みによりこれまで一一年間カトリック教会に所属する者として、教皇様に何百万人ものドイツ人を苦しめている問題についてお伝えいたしたく存じます。この何週間かの間わたしたちはドイツ国内で、隣人愛に反する、正義と人間性を侮辱するような行動を目撃してまいりました。ナチスはこの何年もの間ユダヤ人に対する憎悪をあらわにしてきました。しかし彼らは今、実権を掌握し、ナチスに従う人々を犯罪的な行為に巻き込み、ユダヤ人への憎悪を増幅させているのです。[25]

シュタインはユダヤ人迫害について自分が実際に目にしたことを次のように述べている。

多くのユダヤ人はユダヤ人迫害によって生活、市民権、祖国を奪われました。この数週間のあいだで私が知る限り、五人のユダヤ人が自殺をはかりました。この不幸な人々は自らの運命の痛手に耐えうるだけの内的強靭さをもっていないのは残念なことです。しかしながら、このような状況まで人々を追い込むような不幸な出来事を黙認している者の責任が問われるのではないでしょうか。

さらにシュタインは教会が今何をなすべきかについて、教皇に直接の進言も憚らない。

もう何週間もの間、ユダヤ人のみならずドイツの敬虔なカトリック信者は、キリストの名を汚す行為に対して教会が遺憾の声を上げるのを待っていました。ナチスの政策は人種崇拝であり、ラジオによって民衆の意識にユダヤ人への憎悪を植えつける政治的な権力を誇示しているのではないでしょうか。ユダヤ人の血を根絶しようとすることは、（ユダヤ人であった）わが救い主、聖母マリアと使徒の人間性を侮辱することではないでしょうか。このような行為は、十字架上で自分を迫害する人たちのために祈った救い主の行いと正反対のものではないでしょうか。平和と和解を掲げた聖年（一九三三年）に黒いしるしがつけられることになるのではないでしょうか。教会の忠実な信徒としてドイツの状勢に目を見開いている者は、これ以上、教会が黙視しつづけるならば、教会の威信そのものが失墜するのではないかと恐れます。教会の沈黙によって現在のドイツ政府に平和がもたらされるとは考えられません。当面の間、カトリシズムに対する攻撃はユダヤ人に対するよりも穏やかに、しかしながら組織的には相容れない形でなされるでしょう。カトリック信者が新しい行動に無条件に身を捧げることができなければカトリックにとどまることができなくなる日がくるのも近いでしょう。

教皇様の使徒的な祝福を願いつつ。

エディット・シュタイン

シュタインの教皇への書簡(26)は彼女の霊的指導者であったボイロンのベネディクト修道院の院

長のヴァルツアーのラテン語の紹介状[27]とともに同年四月二〇日にヴァティカンの国務（聖）庁長官のパチェッリ（Eugenio Pacelli 一八七六―一九五八年[28]）枢機卿（後のローマ教皇ピオ一二世）に届けられた[29]。しかしながらパチェッリ枢機卿はヴァルツアー宛の返事[30]のなかで、ドイツでのユダヤ人問題についての教皇の見解についてはいっさいふれず、困難な時代にあって教会への神のご加護と勇気と寛大さの恵みを祈っている、と述べているにすぎない。

一九三三年七月、ローマ教皇庁とヒトラー政府の間にライヒ政教条約が締結された。この条約の締結によってカトリック教会の活動範囲は宗教的な面のみに制限され、国家に対する教会の介入、関与を奪うというヒトラーの外交目的は勝利をおさめた。

シュタインは一九三八年に次のように述べている。

私の手紙は開封されないまま、教皇に届けられたとのことであった。しばらくたってから私は私自身と家族への教皇からの祝福の手紙を受け取った。それ以上のことは何も起きなかった。後年、私の手紙の内容が教皇の脳裏を横切ることはあっただろうかとしばしば考えたものである。なぜなら、私がドイツのカトリック教徒に起こるであろうと予期したことが、何年か後になって現実のものとなっていったからです[31]。

一九三五年にニュルンベルク法が制定されたことにより、ユダヤ人はドイツ国民から除外され、ヒトラーの政権掌握とともに進められてきたユダヤ人迫害は急進的な段階に入った。

シュタインの教皇への書簡がカトリック教会のナチスに対する関わりに直接的な影響を及ぼしたことを知る資料は乏しい。しかしながら、ドイツでユダヤ人迫害がはじまったばかりの一九三三年、ニュルンベルク法が制定される以前に、カトリックの一般信徒がナチスに対してこれほど明白な考えを明らかにしている例は稀である。この書簡には、シュタインのナチスへの非難とキリスト教的人道の立場からの確固たる姿勢が明示されている。シュタインが列福された五年後の二〇〇三年、彼女の教皇への書簡が公開されたのであるが、シュタインの人道的、倫理的な姿勢を知る貴重な証拠でもある教皇への書簡は大きな反響を呼び、ドイツ、イタリアの新聞各紙がこの書簡についての記事を掲載した。(32) ナチスが台頭した初期の一九三三年に事態の緊迫性と教会が沈黙を守っていることへの抗議を憚ることなく表明した人物はこれまでに数少なかったからである。

シュタインの教皇への書簡がヴァティカンのナチスに対する見解に何らかの影響を与えたかは、ピオ一一世による二つの回勅に見られるかもしれない。一九三七年、ピオ一一世によってドイツ司教団に宛てた回勅「燃えるごとき憂慮をもって」“Mit Brennender Sorge”(33) が発布された。この回勅ではナチスに対する直接的な非難の言葉は控えられているが、ドイツでの反ユダヤ主義運動、キリスト教的人道に反する行動に対する深い憂慮が表明されている。水晶の夜の事件が起こった一九三八年、ピオ一一世によって発布の準備がなされていた回勅「人類の一致」"Humani Generis Unitas"[34]は、ナチスによるユダヤ人迫害を厳しく糾弾するものであった。教皇の反ナチの姿勢が明確に表明された回勅「人類の一致」は、一九三九年に逝去した教皇ピオ一一世の後任のピオ一二世によって発布を見送られ、結局のところ闇に葬り去られた。その内容が知られるようになったのは近年になってからのことである。シュタインはナチス迫害が始まったばかりの一九三三年にユダヤ人の運命を的確に予見し、キリスト者としてナチズムの反ユダヤ主義と非人道的な政策を激しく非難した。ローマ教皇とドイツの司教団がナチズムに対して沈黙を守っていた時期にシュタインがユダヤ人迫害についてどのような見解をもっていたか、さらには彼女の人生がどのような転機を迎えるのかを辿りつつ、人権問題をめぐるシュタインの霊的な深まりを見てみることにしよう。

5　人権問題についての霊的理解

教皇への書簡をしたためた数か月後の一九三三年七月、シュタインはナチスの反ユダヤ人政策によってミュンスター教育学研究所講師の地位を奪われた。この直後、洗礼を受けて以来一二年間心にあたためてきたカルメル会修道院への召命を真剣に考えるようになる。シュタインのカルメル会への召命は、アビラのテレサの生き方に倣い、「神のみで満たされる」"Sólo Dios basta"という修道生活への導きであるのみならず、ナチス政権下で苦難の道を歩むユダヤ人の運命と連帯し、その重荷を共有するという覚悟をともなうものであった。[35]

神がふたたびユダヤの民の上に重い手を置かれ、この民の運命は私の運命であるのだ、ということなのである。[36]

シュタインは教皇に私的な謁見を願い出るということよりも、さらに「本質的なこと」[37]があるのではないか、と沈思する。ケルンのカルメル会修道院の聖堂に立ち寄ったシュタインは次のような霊的洞察を綴っている。

私は救い主にこう話した。「ユダヤの民の上に今置かれているのは主の十字架であることを私は知っています。ユダヤ人の多くはその意味を理解していない。しかしその意味を知っている者はすべての人々の名において喜んで十字架を担っていかなければなりません。私は十字架を担う道を選びたいと思います。どのようにして十字架を担っていったらよいのか、お教えください」。礼拝が終わった時、私はこの決意と祈りが救い主に聞きとどけられたと確信した。しかし、この時、十字架を担うということがどのようなことであるか、私はその時まだ理解していなかったのである。(38)

6　十字架とユダヤ人の受難

シュタインにとってカルメル会修道院での新しい生活は、観想生活を通してユダヤの民と連帯し、ユダヤの民の上に置かれている主の十字架を担うことを意味していた。先に見たように、シュタインはナチズムへの非難を教皇への書簡のなかで明確に表明したが、一九三八年にも、ヒトラーの信任を問う国民投票が行われた時シュタインのナチズムに対する断固とした抵抗の姿勢を窺い知ることができる。(39)シュタインはその後、公然とナチスに対する反発を表明することはなかったが、ユダヤの血統を引く者として、またドイツ人キリスト者として、祈りと献身によってナチスの不正、残虐、恥辱に霊的に抵抗しようとしたのである。彼女はすべてのことを霊的な次元において自らの十字架として受けとめようとする。彼女はユダヤ民族であることと、そしてドイツ人であることをつねに誇りに思っていた。(40)ユダヤ人問題が急迫化するなかで、シュタインは「ドイツ民族の名のもとにユダヤ人に対して行われたことを誰が償うのか」(41)と自責し、同胞であるユダヤ人との精神的連帯を深めてゆく。過去において、また現在もユダヤ人が数多くの苦難を受ける姿は、シュタインにとって、聖書的モティーフである「苦しむしもべ」(42)の生き方につらなる。ユダヤ人迫害とホロコーストを信仰の光のもとで受けとる時、「苦しむしもべ」は時空を越えて自分自身の生き方となり、イエスの十字架、ケノーシスに結ばれてこそ意味をもつことをシュタインは確信していたのである。シュタインは次のように述べている。

キリストとともに苦しみ、キリストの救いのわざに参与していく召し出しがある。(43)

シュタインが晩年に残した霊的な著作は、彼女の思索が思弁的な哲学にとどまらず、優れて倫理的で実存的な志向性をもっていることを表している。
シュタインはカルメル会での修道生活をユダヤ人迫害下で十字架に参与する道として理解していたことは彼女の修道名に「十字架に祝せられたテレジア（テレサ）」を選んだことからも明らかである。彼女は次のようにしるしている。

「十字架の」ということを私は当時予期された神の民の運命と結びつけて理解した。キリストの十字架の意味を知っている者は、すべての人々の名においてその十字架を担ってゆかなければならないのだと私は考えた。今となって、十字架のしるしにおいて主と結ばれるということが何を意味するか、もっとよくわかってきたように思う。[44]

シュタインの十字架を中心に据える霊性[45]は、ユダヤ人迫害の現実を身に引き受け、さらにはカルメル会での祈りの生活を通して深まってゆく。霊的手記を引用する。

キリストの花嫁が選んだ配偶は十字架につけられた。花嫁は天の栄光に入ることを望むのであれば、彼女自身もキリストとともに十字架につけられなければならない。修道生活の三つの誓願は十字架につけられる釘である。……十字架にかかるということが花嫁の婚礼の祝宴となるのだ。(46)

一九三九年に書かれた霊的エッセイには次のように記されている。

「めでたし十字架よ、唯一の希望よ！」(47)は、晩年のシュタインが愛した言葉の一つである。

世界は炎につつまれ、キリストと反キリスト者のあいだの戦いが公然と行われている。キリストの側に立つ決心をする人は自分自身の命を差し出すことになるだろう。……戦いが起こっている時わたしたちに何ができるだろうか。……悲しみのあるすべてのところで、あなたは十字架の力において人々とともにいることができる。……あなたは十字架につけられた方との誓約に心から参与する覚悟ができているだろう。めでたし十字架よ、唯一の希望よ！“Ave Crux, Spes unica!”(48)

７　ホロコーストとケノーシス

シュタインはケルンのカルメル会に入ってから六年後の一九三九年ナチスのユダヤ人迫害の手から逃れるためにオランダにあるエヒトのカルメル会修道院へ移った。この時期のシュタインは身近に迫った死を覚悟し、次のような遺書を残している。

真の平和を願い、和解のいけにえとしてイエスのみ心に私自身を捧げさせてください。新たな世界大戦が行われることなく、キリストに背く者の支配が崩れ、新しい秩序がもたらされますように。神が私のために用意しておられる死を喜んで受け入れ、聖なる神のみ旨に完全に従う覚悟をしています。主が受け入れられ、栄光のうちにみ国がきますように、ユダヤ人のあがないのために私自身を捧げます。ドイツの救いと世界平和のために……祈りを捧げます(49)。

シュタインの社会思想は一つの体系をなしているというよりも、彼女の生涯と有機的な連関をもちつつ、神と人への精神の開きを軸として展開している。シュタインの初期の現象学の影響を色濃く表している『国家研究』には後年のシュタインのナチスに対する考え方の萌芽が明白に見られ、人格の核である精神性を主体とする個々人の共同体としての国家、さらには存在的なペルソナ論を基礎とする国家論の存在的構造が展開されている。この、たゆまない精神の開き、自己超出、「存在の意味への登攀」にこそ、彼女の思索の独自性と挑戦が見られ、このコンテクストのなかでシュタインの人権思想は理解されなければならない。シュタインの社会思想は一貫性をもつ全体のなかに位置づけられ、すぐれて倫理的、実践的な面をもっている。

第九章　アビラのテレサとの霊的絆

エディット・シュタインは人々の出会いと交わりを通して人生の転機を与えられてきたが、彼女の生涯において、カルメル会の聖人であり、神秘家であるアビラのテレサとの出会いほど大きな影響を及ぼした人物はいないであろう。本章ではアビラのテレサ（Teresa de Ahumada 一五一五―一五八二年）との出会いがシュタインの生き方とその思想にどのような影響をもたらしたか、見てゆくことにしよう。

1　テレサとシュタインの親和性

カトリックの女性の聖人のなかで誰よりも早く「教会博士」の称号を与えられたアビラのテレサは、殉教者として列聖され、「ヨーロッパの守護聖人」という称号をカトリック教会から与えられたシュタインと不思議な運命の糸で結ばれていたように思われる。

テレサとシュタイン――この二人の女性には共通する点が多い。子供の時に片親と死別したこと、ユダヤ人の血筋を引いていること、キリスト教の転換期、危機の時代を生きたこと、自己の実存的な苦しみの経験を通してキリストに出会い、回心したこと、数多くの著作を残し、それらの著作は（シュタインはより哲学的であったが）豊かな経験と霊性に裏付けされたものであったこと、祈りが人間の生そのものを形づくることを示したことなどが上げられよう。シュタインは、「愛のための愛――イエスの聖テレサの生涯と作品」という論文のなかで、次のように述べている。

今日、いずこにおいても悲惨極まりないことと戦うためのあらゆる手段を講じても無力に思える時、今こそ、祈り、罪の償い、身代わりの償いということの新たな理解が与えられる。信仰に生きる人々は祈ることのできる場に集まり、そこで祈りを捧げている。このような時こそ、祈りと償いに全生涯を捧げる観想修道会がいずこにおいても存在しなくてはならない。……私たちの聖なる母、改革カルメル会の創立者であるテレサがスペインの北から南へ、東から西へと旅し、主の新しいぶどう畑を開拓した時を、今、わたしたちも生きているように感じられる。争いと混乱の時代を生きたこの偉大な女性の精神を、私たちの時代に告げ知らせたい。(1)

この言葉はシュタイン自身がテレサとどのように出会い、困難な時代にいつも聖女を傍らに感じ、その精神を生きようとしたかを物語っている。ヒトラー率いるナチスが、人間の記憶を奪い、ユダヤ人を生きるに値しないものとして大量殺戮を企てていた時代に、シュタインとテレサを結びつけたものは、祈りに根ざした生き方であった。当時のシュタインは社会的、政治的状況の困難に加えて、実生活でもさまざまな苦難に直面し、心身生活の危機的状態に陥っていた。自縄自縛の状態から解放されたのは、シュタインがひたすら意識、理性中心に生きることから脱却し、神に自分自身を委ね、祈ることによってはじめて本来の真の生き方に目覚めた時である。彼女がテレサの『自叙伝』から得た「回心の時」は、自分のうちに生きることから、神のうちに生きるようになった時であると言えよう。テレサとの邂逅がシュタインをキリストへの愛に目覚めさせ、新たな生活を歩み出す一歩となったのである。その意味で、テレサとシュタインとの出会いは、聖徒の交わり（communio sanctorum）であり、時空を超えた交わりは今、ここにおいても実現したと言える。

2　テレサの『自叙伝』と洗礼

シュタインの回心をめぐる真実を明らかにするために、まずアビラのテレサの『自叙伝』(2)を見てみることにしよう。テレサは一五一五年アビラで九人の兄弟姉妹の家族の長女として生まれた。父のアルフォンソ・デ・セペタは貴族の出身であったが、テレサの父方の祖父はユダヤ人のユダヤ教徒であったことが知られている。テレサの父がキリスト教に改宗し、その家庭は後添えの妻、ベアトリス・デ・アウマダとともに築いた最初の世代のカトリックの家庭であった。テレサの家庭がユダヤ人の家系を引いていることの影響については、テレサの著作には新約聖書よりも旧約聖書の引用が多い等、いくつかの指摘があるが直接的な影響については明らかな見解があるわけではない。

敬虔なカトリックの両親のもたらした影響についてテレサは『自叙伝』(*Libro de la vida*)のなかで次のように述べている。

私は両親の模範に助けられておりました。彼らを見るとただ善への励ましのみを感じさせられるものでした。(『自叙伝』一―二)

「父からいちばん愛されていたのは私でした」(『自叙伝』一―三)とテレサは述べている。母は、「慎み深く、誇るところがなく、有徳な婦人であった」(『自叙伝』一―二、二―一)と記されているが、テレサが十歳の半ばになろうとしていたころに、三三歳の若さで「キリスト信者らしい非常に敬虔な死を遂げた」（『自叙伝』一―二）。母との死別は思春期のテレサに深い悲しみをもたらした。テレサは次のように述懐している。

母が亡くなったころ、私は確か十二歳に少したらぬくらいだったと覚えております。自分がいかなるものを失ったかがわかりはじめておりましたので、悲嘆にくれて聖母のご像の前に行き、たくさんの涙を流しつつ、聖母マリアに母の代わりとなってくださるよう懇願いたしました。（『自叙伝』一―六）

幼少時代のテレサは九歳になろうとしていたころから、殉教者の伝記を読み、殉教者の生涯は彼女に殉教への望みを抱かせた。彼女は殉教者として死んで天国に行くために家を出ることまで考えた。（『自叙伝』一、四参照）幼いテレサの心に芽生えた殉教への望みは、やがてカルメルで自分自身の存在を徹底的に神にささげることへと向かう。

テレサは『自叙伝』（*Libro de la vida*）を『神の憐れみの人生』（*Libro de las misericordias de Dios*）とも呼んでいる。『自叙伝』は一五六五年に（六二年に書き終えているが、その後加筆されている）アビラのカルメル会修道院で記された。この書物のなかで聖女は、自分の生涯における憐れみ深い神の現存と働きを振り返っている。テレサ自身の経験から湧き出てくるような魂の告白、彼女の霊的な経験が加工や虚飾をほどこすことなく、直裁に記されている。『自叙伝』にはテレサの他の著作である『完徳への道』や『霊魂の城』に見られるような教訓的、啓蒙的な要素が少なく、テレサの魂の赤裸な告白が叙述され、テレサは自分の生涯を「私における神のご生活です」（二三章）と回顧しているのである。

さらにテレサの『自叙伝』はモノローグではなく、主である神への告白と祈りのスタイルで書かれ、自分の霊的歩みを霊的指導司祭に打ち明け、識別してもらおうとする意図も見られる。このように対話的な形式の『自叙伝』は、霊的生活をパーソナルな関わりのなかで捉え、神と人々との対話において神を見、神を尋ね求めるというテレサの基本的な姿勢をよく表すものである。

『自叙伝』のなかでテレサは、「永遠に、永遠に、永遠に」という言葉を繰り返すことによって、「私が幼いにもかかわらず、真理の道がなんであるかを悟るお恵みをくださいました(3)」と振り返っている。青年時代のテレサは、世俗的な生活にも心を奪われるが、究極的な真理が神にあること、神のみが「永遠に、永遠に、永遠に」存在することをさまざまな経験を通して、おぼろげながらも確かに感じとっていたのである。この世の消え去るすべてのものを越えて、永遠なものは朽ちない次元に生きる。テレサが生きた生の深みと真の喜びは、次の有名な詩に表されている。

なにものにも乱されるな
なにものにも驚くな
すべては過ぎ去るが
神は変わらない
忍耐が
すべてに至る道
神を体験している人は
なにも欠くことがない
神のみで満ち足りる。(4)

３　祈り——魂の最深奥における神との出会い

テレサの『自叙伝』を一夜のうちに読み終えたシュタインが、テレサのどのような点に引きつけられ、そこに自分の歩むべき道を見いだしたのかを突き止めることは重要であり、そこから回心におけるシュタインの真実がわかるであろう。が、テレサの『自叙伝』のどの箇所がシュタインを一瞬のうちに捉えたのか、推測し、具体的に指摘することは難しい。ただ、先の引用にあったように、テレサの生涯は「神のみで満ち足りる」生き方であり、祈りに始まり、祈りに終わる生涯の崇高さが『自叙伝』からは滲み出ている。テレサにとって回心とは祈り、観想、念祷が生きることの主軸となること、自分中心に生きる状態からの決別を意味していた。祈りと念祷にこそ、シュタインとテレサの邂逅の原点があったのではないだろうか。

シュタインを「これこそが真理なのだ」と確信させた、その「真理」とはいったい何を意味していたのであろうか。換言するならば、シュタインはテレサの何に「真理」を見いだしたのであろうか。

シュタインがカトリックの洗礼を受けてから六年後にドイツ語訳を出版したトマスの『真理

論』(de Veritate)によれば、真なる判断は、事物と知性との相等・合致によって成立する。その合致を意味する存在動詞は、事物の同一性の根拠である存在を指し示す。換言すれば、「～である」というとき、事物との合致を通して、われわれは存在にふれているのである。ここで、トマスは真理と存在との密接不離な関わりを示すことによって、超越的な存在者・神との出会い・交わりは、理性の志向性によって構成される近代的な意識の志向性における「作用」と「対象」(ノエシス―ノエマ)の平行性、および相関性においては導きだされない。

シュタインがテレサにおいて究極的真理を見いだしたのは、思弁的認識によっては捉えることのできない世界であった。理論思弁的・理性的知を越えたところに披かれる、いわば愛にもとづく対象との一致であった。この場合、シュタインをあらゆる言葉を凌駕する経験で圧倒し、実存的な変容へと至らせたものは、テレサの思想、霊性の内容をさすというよりも、テレサの人格、生き方そのものにあったということができよう。この真理認識は、聖書的であり、「わたしは道であり、真理であり、命である」(ヨハネ福音書一四・六)とあるように、真理は、イエス・キリストそのものである。テレサとの出会いはシュタインに決定的な回心と自己変容の時をもたらした。

さて『自叙伝』において、テレサは体験した「真理」について次のように語っている。

わたしに示されたこの神的真理は、どのようにしてか、また何であったかは知りませんが、私のうちに刻まれ、神にたいする新しい尊敬の念を抱かせるものでした。なぜなら、それは形容しがたい仕方で、神の主権と力がどれほどのものであるかを私に悟らせてくれるからです。……このようにしてわたしは、霊魂が真理そのものの前に、真理のうちに歩むとはどのようなことであるかを理解しました。また、主ご自身が真理であることも悟らせてくださいました。

わたしは（これらのことを）言葉でもって話されるよりももっと明らかに悟りました。この偉大な真理を多くの学者から教えられたよりもさらによく理解しました。学者たちは、この真理をこれほど私のうちに深く浸透させ、また世間のむなしさについて、これほどの理解を与えることはできなかったでしょう。

わたしを悟らせた真理はご自身が真理であり、はじめもおわりもない。その他のすべての真理は、この真理に依っています。それはその他の愛がすべてこの愛によるものであるのと同様なのです。(5)

ここでテレサは神的真理の悟りに至った自分自身の経験を土台にして語っている。ここで神自身が真理であり、人間に真理とはなにかを悟らせる存在であること、すべての真理は神の真理にもとづくことが述べられている。真理は学知的な認識によっては把握されえないものであり、パーソナルな関わりをとおして真理そのものから示される。すなわち、人間の側からの作為によって掌握されうる真理ではなく、真理そのものが近づき、示すという恩寵の働きかけがそこにはあることが明示されているのである。

テレサにとって真理への道は、彼女が念祷と呼ぶ祈りの道を深めることにほかならなかった。先にも見たように、テレサの『自叙伝』は単に彼女の生涯の出来事を羅列したものではなく、祈りの生活を通して神の恩寵がどのように彼女を神秘的な生へと引き入れ、神との一致へと導いたかをしるしたものである。テレサが心のなかで沈黙のうちに祈ること、すなわち念祷を重要視し、神との交わりを求める神秘的生の中心に据えるのはなぜであろうか。

テレサにとって念祷は、当時のカルメル会修道院で行われていた口祷の祈りや他の信心的な祈り、典礼などの修道院での礼拝では顧みられることの少なかった祈りであった。テレサは自らの回心が念祷に負うものであることを『自叙伝』のなかで明言し、魂が神に向かう念祷において真の回心、神による自己変容へのプロセスがあることを示唆している。

「念祷」についてのテレサの記述を引用してみよう。

念祷に身をゆだねはじめた霊魂は、苦心して井戸から水を汲み上げる人だと言うことができます(6)。

テレサが「井戸から水を汲むこと」と表現している念祷は、私たちの側からの修業、すなわち「水を汲みに行き、自分の庭の花に水を注ぐ」ように感覚を集中し、念祷を習慣づける努力、そして孤独のうちにとどまることを要求する。

テレサは、念祷によって従来の祈りの形を捨てることを求めているのではなく、神との愛の関わりを深めていくことを私たちに呼びかけている。

念祷は愛の訓練です。もし孤独がなかったら念祷はまったくできないと考えることはまちがっています(7)。

テレサによれば念祷は特別な恵みを受けた人のみにあたえられる高度の祈りの形態や深い知的な瞑想でもなく、神との友情の交換であり、愛のおこないである。

生来、このような瞑想に導かれている人のみが達成できるようなものではなく、すべての魂は愛することができるのです。(8)

祈りとはテレサにとって「多くを考える」知的な認識・理解ではなく、「多く愛すること」なのである。このような念祷をテレサはどこから学んだのであろうか。『自叙伝』には次のような記述が見られる

念祷について説明を与えてくれるような書物を探しているうち『登攀』(9)と題された本の、神と魂の合一を論じた箇所で、「何ひとつ考えないこと」という表現のなかに、私の念祷のすべての特徴を見いだしました。(10)

念祷において中心的なことは純粋な愛の行いであって、考察・省察ではないということは、次のように説明されている。

神について考えたり、多くの概念を導きだしたり、知性を用いて長い考察をすることを私

はあなたがたに求めていません。神のみを見つめることが大切です(11)。

この道で多くの益をあげ、わたしたちの望んでいる住まいに入るためには、それは多くのことを考えるのではなく、多くのことを愛することにあるのです(12)。

「多くのことを考えるのではなく、多くのことを愛すること」というテレサの言葉は、回心する以前、宗教と思惟とを分離させる哲学を探究してきたシュタインにとって、全く新しい見方であったであろう。テレサはシュタインに心の奥深くにある神への渇きを感じること、真の祈りの意味を教えた。神を見、神を尋ね求め、神と語り合い、神の友となりたいという望みはエディットにとって、まずカトリックの洗礼を受け、カトリック教会の一員になる決断をもたらした。そしてカルメル会で神との愛を深め、観想生活を通して神と人々とともに生きることへと導いたのである。

シュタインはカトリックの洗礼を受ける前の数年間、プロテスタントに入信するべきか、カトリックに入信するべきか迷っていた時期がある。ゲッティンゲンで出会った同僚のなかには、第一次世界大戦で戦死したアドルフ・ライナッハ、ヘードヴィッヒ・コンラート＝マルティウスらのプロテスタントの友人がいた。彼女が哲学の勉強のかたわら、求道心に駆られ、アウグスティヌス、クレルヴォーのベルナルドゥス、キルケゴール、ルターらのキリスト教著作家の著作にふれたのもこの時期のことである。特にこの時期にマルティン・ルターの著作にもふれ、ルターの恩寵についての理解からシュタインが学んだことは、「神の手に捕らえられる」という洞察であった。しかしながら、恩寵は神からの一方的な働きかけによって上からのみもたらされるものではなく、神と人間との相互の働きかけと一致にある、とシュタインは考えるようになった。シュタインは洗礼を受ける以前から、カトリックの祈りの世界を垣間みて、心惹かれるものを感じていたのである。「親しい人と対話するかのように」聖堂に入ってくる人びとの姿を通して、シュタインはキリスト教的な祈りの本質にふれ、「祈りは親しい人との間に交わされる対話である」というテレサの霊性を生きる世界を見いだしたのである。

神との一致、すなわち愛の完徳には明らかに二つの道がある。一つは、神の恵みに伴われながらも自分自身の努力によって、労苦のうちに登っていく道である。もう一つの道は、自分自身の働きを静め、神によって運ばれ、引き上げられる道である。(13)

人間の側からの神への登攀の道行きと、神の人間に対する働きかけの双方が交わるところ、そこに祈りがめざすものをシュタインは見いだしているのである。同様の考え方は次の箇所にも見られる。

祈りは人間の精神が神へと向かい、神の恩寵が人間へとくだるヤコブのはしごのようなものである。(14)

シュタインはテレサに見られるような神との深い一致がもたらす非日常的な神秘体験、たとえば霊的婚姻に見られる花嫁神秘主義、霊的法悦がもたらす脱魂などの恩寵体験にはまったくふれていないし、自らの神秘体験を語ることはほとんどなかった。祈りは人間の魂のなかにおける神の愛の営みと捉えるならば、テレサもシュタインも祈りを愛の究極的な行為として理解していることがわかる。

シュタインは現代的なコンテキストで祈りを理解し、自由で自律した人間が神の愛にこたえていく魂の明け渡しとして祈りを定義している。このような祈りの理解の根底には、「念祷は多く愛することである」というテレサの霊性の水脈を読み取ることができる。シュタインの祈りについての定義は次のようにある。

神への尽きることのない愛による明け渡しと神の人間への賜物は、祈りのもっとも高い段階である。(15)

シュタインは愛ということを「そこに向かって自らを与えること＝献身」(Hingabe)と同義に理解している。シュタインにおいて愛は、人間との関わりは創造主と被造物との関わりで捉えられていて、人間と神はそれぞれの異なる実在性を尊重しながら、互いに与え合う。他方テレサにおいては、神と人間との親しい友情という親密なふれあい、愛の情感として感じられ、味われるものが優先され、愛は神秘的融合または一致の方向へと向かうのである。

テレサにとってもシュタインにとっても、神と出会い、神と一つに結ばれるところは、魂の最深奥においてである。このもっとも高次の恩寵経験を、テレサは抽象語ではなく、生き生きとした、生活のなかでイメージされる日常語で表現している。テレサが多くの著作で用いる「城」とはテレサが生活し、朝な夕なに眺めていたアビラの城壁であり、「王」は当時のスペインではもっとも高い身分の人であった。

さらにテレサは神を求め、自己の内面へと向かっていく霊的な深化の過程を情緒豊かに、肉体化され、日常化された詩で綴っている。

霊魂よ　私の内にあなたを探しなさい
私を　あなたの内に探しなさい
もし　私を見つけたいのなら
私を　あなたの内で探しなさい
なぜなら　あなたは私の部屋
私の家　私の住まいだから
いつも私はそう呼んでいる
あなたの思いと心の扉が閉ざされているときでも
あなたの外には私はいない
私を見つめるためには
ただ私を呼ぶだけでよい
私はあなたのところに直ぐにいく

私を　あなたの内に探しなさい[16]

シュタインの回心への道程は、自分自身の魂の最深奥において神と出会い、神と交わる祈りの旅路であった。神に出会い、神と一つに結ばれるために、自分自身の魂の内へと入っていくことが求められる。シュタインに決定的な回心の時をもたらしたアビラのテレサは、霊魂の城に神（王）が住まうと記している。人間の魂は神から離れては存在しえない。シュタインは「神は魂のもっとも深い最奥のところに見いだされる[17]」とし、「人は魂のもっとも深いところにおいて生きるよう呼ばれている[18]」、そしてそこにこそ「完全に守られてあることのうちにある静かな平安」が見いだされるのである。したがって、「神との一致は魂の最も深い根底、最深奥においておこなわれる[19]」としている。魂が神自身へと上昇することとは、魂が最深奥に入ることでもある。「生きているのは、もはやわたしではありません。キリストがわたしのうちに生きておられるのです」（ガラテア二・二〇）というパウロの言葉は、こうした神と一致した魂から発せられた言葉であろう。このようにして自己の魂の中心へと入りゆく過程は、シュタインによれば、内的な赤裸な孤独に身をさらし、信仰の暗やみに留まりながら、愛に満ちた深い平安を享受するものであると、述べられている。

神秘的な恵みは、信仰が教えていることを経験として認識させる。すなわち、神は魂のなかで存在しておられるということである。信仰の真理によって導かれる人は、神を探し求め、自由な努力によって神秘的に恵まれた人が引き入れられるところへと向かう。感覚や記憶のイメージを離れ、心の自然的な働きからも退いて、内的な自分の赤裸な孤独へと入っていく。そこで信仰の暗やみに留まり、神秘に包まれて現存する隠れた神を精神が単純な愛のまなざしのうちにみつめるために。神秘的な恵みを受けた人は、深い平安のうちに留まる。これこそが彼の安息する場所である。[20]（傍点は筆者）

このようにシュタインは回心前「神のうちに安らう」という宗教的出来事から出発し、死と再生の道行きを魂の奥底である「神の神殿」において深めてゆく。

内的生活に精通している者は、いつの時代にも次のような経験をした。外界のどのようなものよりも強く引きつける何ものかによって、彼らは最も内的な自分自身へと引きつけられていったのである。そこで彼らが経験したものは、新しく、力強く、より高い生活、超自然的で、神聖な生活へと入っていくことであった。「もしあなたは高い、聖なる場を捜し求めているのなら神の神殿として、あなた自身を内的に捧げなさい。なぜなら、神の神殿は聖なるものであり、あなた自身がその神殿だからだ。あなたは、その神殿で祈りたいと思うのか。あなた自身のなかで祈りなさい。しかしその前に、あなた自身が、神の神殿にならなければならない。なぜならその神殿で神は祈る人に耳を傾けられるからだ」。……神秘的な恵みは、信仰が教えていることを経験として認識させる。すなわち、神は魂のなかで存在しておられるということである。信仰の真理によって導かれる人は、神を探し求め、自由な努力によって神秘的に恵まれた人が引き入れられるところへと向かう。感覚や記憶のイメージを離れ、心の自然的な働きからも退いて、内的な自分の赤裸な孤独へと入っていく。そこで信仰の暗やみに留まり、神秘に包まれて現存する隠れた神を精神が単純な愛のまなざしのうちにみつめるために、神秘的な恵みを受けた人は、深い平安のうちに留まる。これこそが彼の安息する場所である。信仰は観ることへとかわり、神を喜ばす。(21)

第十章　十字架のヨハネ解釈

——『十字架の学問』——

本章では、エディット・シュタインがゲシュタポに逮捕されるその日まで書き続けていた未完の書、『十字架の学問――十字架のヨハネについての研究(1)』に基づき、そこに見られるシュタイン神秘思想の展開とカルメル会を代表するスペインの神秘家の一人である十字架のヨハネ(Juan de la Cruz 一五四二―一五九一年)解釈を取り上げる。シュタインのヨハネ解釈に見られるキリスト教的現象学とも言える手法に注目し、十字架のヨハネの神秘思想を現代哲学、特に現象学の観点から再構築しようとしたシュタインの試みについて見てゆく。

1 十字架の神秘思想

シュタインのヨハネ解釈は、ヨハネの生涯とその神秘主義における「十字架」を主軸として展開している。十字架のヨハネは、跣足カルメル会での修道名に「十字架の」ヨハネを選んだが、彼の著作において「十字架」はそれほど強調されていない。むしろヨハネの場合、愛における神との一致のなかに十字架も包含されているように見受けられる。それでは、シュタインはなぜ「十字架」をヨハネの神秘思想の中心に据えるのだろうか。シュタインの着眼点を理解するために、われわれは彼女の神秘思想の形成の萌芽となった彼女自身の神秘体験、霊的体験に目を向けなければならない。

シュタインはゲッティンゲンで哲学を学んでいた時期に夫を戦争で失った未亡人、アンナ・ライナッハとの出会いを通して、初めて「キリストにとらえられる」経験をする。彼女はこのときの経験を「キリストが私を圧倒し……十字架の神秘におけるキリストが立ち現れたのです」(2)と回想している。シュタインにとって、キリストは誕生から死に至るまで十字架と結ばれていて、十字架の知らせは原的所与という意味で、彼女が後に展開するキリスト教的現象学の出発点をなすものでもある。「キリストが立ち現れた」(3)という経験は、知性の向こうにある神秘を見いだし、理性を越えた愛に身を委ねるという、転機をもたらした。(4)その後偶然手にとったアビラのテレサの自叙伝を読んだことがきっかけで、シュタインはキリスト者としての道を歩み始め、カルメルの修道女として「十字架に祝せられたテレジア」(5)(Teresia Benedicta a Cruce) という修道名を名のることになる。彼女の霊的歩みにおいて十字架上のキリストは、単に志向対象として存在するのではなく、十字架上のキリストに与ること、主の受難に参与することへと招く存在である。(6)キリストに捕らえられるというシュタインの神秘体験は、自己の内的な体験でありながら、その志向対象への主体的受動性をともなう追従によって、自分を取り巻く他者と世界へと開かれていくのである。

2 『十字架の学問』

現象学を哲学的方法論の中心に据えていた初期のシュタインの思想は、トマスをはじめとする中世哲学、キリスト教神秘思想との対話を通して、現代の哲学者の多くが回避している根源的な存在論、神の問題へと向けられていく。本章で取り上げる『十字架の学問』は、ナチスによって逮捕される日まで書き続けられたシュタインの遺著であり、彼女の思想の背景をなす深い神秘主義的精神を知ることのできる作品である。

「十字架のヨハネ研究」という副題がついたこの著作は、なぜ『十字架の学問』と題されているのだろうか。ヨハネの著作は本来、学問的、思弁的な内容のものよりも、愛する神に向かう魂の個人的な歌、詩、霊的道案内書というべき性格をもっている。シュタインは「十字架の学問」について次のように述べる。

十字架の学問について語られるとき、それは一般的な意味での学問として理解されるものではない。……それは十字架の神学であって、知られうる真理であるが、生きた、現実に働く真理でもある。十字架の学問は、魂のうちに種のように宿り、根を張って育ち、魂にある特質を与え、その程度の違いはあるが、魂を形成する。……ここで、聖なるものについての学問、すなわち十字架の学問について語られる。……聖なる事象性（heilige Sachlichkeit）とは、聖霊によって生まれ変わった魂の原初的、内的受容性を意味する。……聖人の魂が信仰の真理と一つとなるとき、聖人の学問となる。そして十字架の神秘が魂を内的に形成するものとなるとき、十字架の学問となる。(7)

シュタインはフッサールにしたがって、諸学の基礎づけの役割を担う哲学が自然的態度にもとづく事実学ではないことを支持する。しかしエポケーを通して超越論的自我へと到達する本質学としての学問、世界の自然命題を「カッコに入れること」、すなわちつねに主観に対する世界にとどまる。ここから意識の内在の領域から神の問題、宗教的世界はどのような仕方で樹立されるかという問いが生じる。『十字架の学問』においてシュタインが提示する学問は、自我中心の学問によっては到達しえない、生きた思想、受肉した思想へと向かうものである。(8) したがって「十字架の学問」は、一般的な意味での思弁的で、理論的な学問ではない。この点についてシュタインは、次のように述べている。

十字架についてのヨハネの教えは、もし単に知的な理解にのみとどまるならば、われわれの言う意味での十字架の学問ではない。しかしヨハネの教えには、十字架が真に刻印されている。それはキリストの十字架の御血によって養われた魂のもっとも深いところに根を下ろした木の枝が伸びてゆくようなものである。その実りは彼の生涯に見られる。(9)

十字架は人間の魂の奥深いところに根を張ることによって、一人一人の生に深い価値的な関わりをもつようになり、最終的に十字架への従いというかたちでキリスト者の生のうちに具現化され、結実する真理となるとシュタインは考えている。したがって十字架の学問は、純粋に理性的な哲学的営為としての人間の思惟にのみ依拠するものではなく、またシュタイン自身が翻訳したトマスの『真理論』に見られる「真理とは物(存在)と知との合致である」という意味での真理概念をも越えるものを指し示している。超越的な存在である神を対象とするとき、その対象を客観的、理論的に把握することの限界を、シュタインはパウロが語る「神の知恵であるキリスト」(Iコリント一・二四)を引用して説明している。パウロの書簡は「彼自身の深遠な経験から生まれ、十分に培われた十字架の学問、十字架の神学を表している(10)」。すなわち、シュタインが「十字架の学問」によって意味するものは、あらゆる個別的な経験の源泉となる宗教的生そのものであり、あらゆる主体的で理性的な営為に先立って、真理として与えられた十字架が、われわれの魂を形成し、いのちを与える力となることなのである。

シュタインは「十字架の学問」という課題に最晩年になって行き着いたが、このようなシュタインの学問に対する考え方は、ファシズムとナチズム一色であった一九三〇年代のヨーロッパへの危機意識のなかで徐々に培われてきたものであり、この点において、フッサールの晩年の著作『ヨーロッパ諸学の危機と超越論的現象学』(11)に見られるフッサールの学問に対する危機意識と重なるものがある(12)。当時のシュタインの論文を一部引用する。「哲学の近代的理念、つまりすべての存在者を一つの理性体系のうちで把握し、すべての生を理性によって形成するという哲学の理念は挫折した(13)」。また『十字架の学問』には、哲学の危機に対する問いかけのみならず、自分自身と家族にナチスの脅威がおよぶという歴史的経験、同胞の非情な死の記憶を通して、学問の意味を問いかけるシュタインの実存的な思索の軌跡が見られる。

3　現象学的ヨハネ解釈

シュタインのヨハネ解釈の独自性はその現象学的、哲学的アプローチにあると言えるが、どのような意味で現象学的、哲学的であるのかということが検討されなければならない。まずシュタインはヨハネの生涯における十字架との原初的な出会いに注目する。「十字架のヨハネのように十字架の知らせを十全に受け取り、それに応じる準備ができていた人はいない」[14]。このヨハネにおける十字架の知らせを受けとめる能力、根源的受動性、原的所与は、シュタインによれば、「聖なる事象性」である。「事象性」は現象学的用語であり、独断を捨てて事象そのものに立ち返り、それ自身与えられているがままの事象を問い正すフッサールの「事象そのものへ」(zu den Sachen selbst) に依拠する概念である。「事象そのものへ」という現象学的主題が宗教的・霊的次元においてどのように深められていくかということを、シュタインは探ろうとする。

原的所与としての十字架という事象性は、ヨハネの生涯とその霊性において、どのような形をとっているであろうか。シュタインはヨハネに見られる三つのタイプを取り上げる。それは、子供、芸術家、聖人である。まず子供を特徴づけているものは、魂の「根源的、内的な受容性」(die ursprüngliche innere Empfänglichkeit) である。子供の魂によって受け入れられたものは、その子供の魂を形成し、全生涯を規定するものとなる。この魂の根源的、内的な受容性は、十字架の学問が形成される基盤となるものなのである。ヨハネは幼少期に福音によって養われ、形成され、十字架は彼の生涯を貫く力になる。それ自体は形をなさない種が成長する過程は、芸術家が作品を創りだす過程にも当てはまるとシュタインは解説する。芸術家が言語化されざるものを芸術作品によって表現するように、ヨハネも霊的な詩によって神への愛を歌う。十字架によって魂が内的に形成されるということは、十字架が単なるしるしとして表されるだけではなく、内的なかたちをとり、その人の具体的な生きかたにおいて、十字架にならう道となることである。十字架は、聖霊によって新たに聖なるものとされた魂において受け入れられ、誤った障害や頑なさによって妨げられることなく真理へと開かれていき、最終的には聖人において十字架への従いという実りをもたらす(15)。

十字架の学問は、「聖なる事象性」に基づく学問である。「聖なる事象性」とは、その対象が人間の意識の志向を越える聖なるものであるということ、そしてヨハネの生涯に見られる子供、芸術家、聖人という聖性の深化・純化の過程を通して、「聖性」(Heiligkeit)は「現実のものとなる(16)」。彼女はこう締めくくる。

十字架の神秘が聖なる魂の内的な形となるとき、それは十字架の学問となるのである(17)。

さて、シュタインのヨハネ解釈に見られる現象学的手法は、ヨハネの神秘思想における中心的主題である暗夜の解釈に表れている。ヨハネは神との一致に至るまでの過程を、「暗夜」(noche oscura) と呼ぶ。[18] 暗夜は神へと登攀していく魂の赤裸な状態を表す出発点でもあり、夜のように信仰の暗やみを歩む道でもあり、最終的に魂が至る終局点としての神そのものを表す暗夜でもある。シュタインは暗夜を第一義的に「離脱」であると理解する。夜は魂が通りすぎなければならない離脱の途でもある。それは出発点であり、道であり、終局点でもある。ヨハネが感覚の夜において「赤裸」、「剥奪」と理解するものは、自然的態度、感覚を遮断するという意味で、現象学的思考形態で理解するならば、エポケーに相当する。[19]

エーリッヒ・プシワラによれば、シュタインのヨハネ解釈の根底にあるエポケーの概念は、スイッチを切り、遮断することによって私たちを無に直面させるような一瞬の停止ではなく、エポケーによって新たに信仰の世界が開かれることを意味している。[20] たしかに、エポケーが霊的な深化の過程に見られる重要な転機であるとすれば、それはフッサール的な意味での新たな存在領域としての純粋意識の開示にとどまらず、「哲学的な理解の道を越える信仰の道」[21]、「哲学的、理論的学問よりも神聖な知恵に近いものとしての信仰」[22] を披くものなのである。

信仰は真夜中の暗さである。それは感覚の働きを静めるのみならず、理性による自然的な知識をも取り去る。しかし魂は神を見いだすとき、永遠なるもののもたらす新しい日の夜明けの光がすでに夜に差し込んでくる。(23)

このようにシュタインの暗夜についての解釈には、現象学的エポケーの概念が伏在していると見てよいが、シュタイン自身はエポケーという言葉を直接的には用いていない。したがって彼女のヨハネ解釈は、現象学的解釈をはじめから目指したものではないが、シュタインの神秘思想の解釈の土台には彼女が長年培った現象学者のまなざしがあり、現象学的思惟が通奏低音的主題として見え隠れしていることは否定できない。シュタインにとって現象学とは、特定の哲学的体系に固定されるものではなく、素材の極めて鋭い深みへと肉薄していく方法であり、ゆえに、さまざまな形をとりつつ、新しい見方を披くものなのである。

4　暗夜と十字架の関わり

ヨハネの霊性の中心をなす「暗夜」について、シュタインは次のように解説する。

夜は自然的な現象である。光と反対のものがすべてを包みこむ。それは言葉の対象とならないものである。……夜には目に見えるイメージがない。……夜がもたらすものは単なる無ではない。それは夜そのものとして、ぼんやりと目に見えない、形のないものとして存在し続ける。それは脅かすものでもあるので、影やまぼろしのようにも見える。……そこには死を予感させるものがある。夜がもたらすものは、自然的なものだけでなく、心理的、霊的な意味がある。暗くて激しい夜があるのに対して、柔らかな月の光に照らされた、不思議な魅力をもつ夜がある。……昼の騒ぎと雑踏が消えていき、静けさと平安がよみがえる。……昼間の喧騒から解き放たれた精神は、夜の静かな透明さを湛え、ゆったりと内省的になってゆく。そして自然界と超自然界の両方に身を置き、自分自身のあり方と生き方に深くかかわるところへと沈潜していくようになるのである。夜の安らぎのうちには、深い感謝に満ちた平安がある。(24)

ヨハネが精神的、感覚的、霊的、神秘的な夜を取り扱っているのに対して、シュタインはまず自然的現象としての夜を取り上げ、自然的、宇宙的夜から霊的、神秘的夜の理解へと進む。自然的な現象としての夜において、感覚内容は個人にとって感覚されるもの、意識されるものであり、その意味で自然的、宇宙的夜は体験的な自我に帰属する。しかしながら自然的現象としての夜は、新たなる地平、根源性への抜きを内包しており、現象学的エポケーとも言える働きを通して、絶対的な所与、純粋な現象としての夜があらわれ、自己の変容というダイナミックな方向性をもつようになる。このような霊的な夜の経験について、シュタインは次のように語っている。

神のうちに安らぎ、すべての知的活動が完全に停止するという状態がある。……そしてただ神の意志に自分の行方をまかせ、「自分を完全に運命に委ねる」。……生命力がなくなるということは、いわば死の静けさであるのに対して、神のうちに安らうという経験は、自分が完全に支えられているという感じがする。神のうちに安らうことに身を委ねるにつれて、私はいのちで満たされてくる。このいのちの力の流入は、私自身によらない活動性の表れでもあるかのように思えたのである。(25)

一方、十字架のヨハネにおいて「暗夜」とは、感覚の夜を通して信仰の暗夜へと至るものであり、さまざまな表象や概念が、一致への準備段階として知性からはぎ取られることを意味している。「暗夜」は、魂を浄化し、神との一致に向かって整えるもの、神の光の魂への注入にほかならない。ヨハネが個人の内密な神秘体験を源泉として「暗夜」について叙述しているのに対して、シュタインの描写は自然的、心理的、人間学的に夜の内実を明らかにする。ヨハネは愛のなかで神へと上昇する魂そのものを詩的なイメージで捉え、象徴、対比、比喩による豊かな叙述を展開している。これに対してシュタインは、神探求に関わる事柄を一般的な人間の心の営みにそくして理解し、そこから超自然的なものへと向かう人間の魂のあり方を探求し、霊的な深まりと純化の過程において、キリスト教の霊性と現象学が出会い、融合する点を見いだすのである。

もう一つのシュタインの独自な解釈は、ヨハネにおける「暗夜」と十字架との関わりを重視していることにある。(26) 幼少期の父との死別体験、トレドでの監禁生活といったヨハネの十字架体験は、「暗夜」の基底をなすものであり、ヨハネの魂を浄化へと導き、神との一致へと向かわせる原動力となったとシュタインは考える。

しかしながら、ヨハネの著作のなかで「暗夜」と十字架との関わりについて直接的に言及されている箇所は少ない。シュタインが『十字架の学問』の冒頭で引用する霊魂の詩(27)には、神への愛によってつき動かされた魂の熱情、歓びが歌われており、十字架の神学的な意味についてはふれられていない。つまりヨハネにおいては、修徳的、神学的な教え、解説を記すことより先に自分自身の神秘的経験の感動がおのずと湧出し、詩となったのである。これらの詩には神と自分との間の親密な愛という、情緒的で、きわめて個人的なレベルでの交わりが表現されている。このような情動的で個人的な神秘体験は、どのようにして言語化され、伝達されうるのか、またそこにはどのような神学的な意味が含蓄されているのだろうか。シュタインにとって暗夜と十字架との関わりを明らかにすることは、暗夜というきわめて個人的で内面的な宗教体験のもつ普遍的な意味を問う糸口となるのである。

ここでシュタインはふたたび、現象学的な説明を加える。十字架と暗夜は、自然的な認識を越える精神的な事柄を指し示しているという意味では、両者ともに象徴であるとシュタインは述べる。しかしながら暗夜は内的な事柄を表す「イメージ」(Bild)に対して、十字架は歴史的な事柄を通してその内的な意味が顕れる「しるし」(Zeichen)である。[28] それ自体不可視なものであり、形をもたない暗夜は、十字架という可視的なしるしを通して、その十全な意味を現すとシュタインは考える。このように暗夜を十字架との結びつきにおいて理解しようとするシュタインの立場が明確に表れているのは、ヨハネが引用するルカ福音書一四章三三節である。「あなたがたのうちで、自分の財産をことごとく切り捨てるものでなくては、わたしの弟子になることはできない」[29]。ヨハネはこの福音書の箇所を、神のうちにおける全き魂の変容に至るための離脱、または神をただ自身として愛する愛に動かされた魂が他のものに対する愛着をすべて捨て去るという意味に理解している。これに対してシュタインは、このルカの言葉をあらゆる欲望と執着と戦い、自分自身の十字架を背負い、能動的に暗夜に入るという意味に解釈している[30]。シュタインは次のように結論づける。「感覚の夜は自ら望んで十字架を担うことを意味する」[31]。ヨハネの能動的暗夜は、シュタインの解釈によれば、十字架に従う道にほかならない。

次に、ヨハネが語るもう一つの暗夜、すなわち魂における神の主導的な働きが中心となる受動的暗夜について検討してみよう。受動的暗夜とは、「霊魂が神のみに捕えられている」[32]状態、つまり神についての愛のこもった、注賦的知識へと至り、修徳的段階から神秘的段階へと移行する状態であるとされる。「ここでなすべき唯一の事は、霊魂をすべての知識や思念から解放することで……ただ神に対する愛のこもった穏やかな留意だけで満足し、神を味わったり、感じたりしようとの気づかいも、意志も、欲望も持たずにいなければならない」[33]。「闇につつまれ、愛のこめられたこれらの苦しみのさなかで、霊魂は、自分のうちに、ある種の力と伴侶を感じる」[34]。

これに対してシュタインは、ヨハネの受動的暗夜について、次のように解釈する。「この段階での霊魂の苦しみは十字架につけられることであると言うことはけっして誇張ではないだろう[35]」。「受動的暗夜は十字架の知らせと矛盾するものではない[36]」。ヨハネの霊性を、十字架に根ざし、つねに十字架へと向けられたものとして理解するシュタインの解釈は、ヨハネの神秘的婚姻についての解釈にもっとも明確に表れている。「魂が花嫁として神と一致することは、魂が創られた目的である。そのような神との一致は十字架によってもたらされ、十字架上で成し遂げられ、十字架とともに永遠に刻印されているのである[37]」。ヨハネにおいて「暗夜」は、あらゆる表象と言述を凌駕する神との一致へと向かう魂の歩みの過程を表すのに対して、シュタインはヨハネの「暗夜」を十字架との結びつきにおいて、キリストの人性に中心を置くものとして神秘神学的に理解していることがわかる。

シュタインは一六世紀のスペインの神秘家、十字架のヨハネとの出会いを通して、ヨハネの霊性を現代の哲学的な観点から解釈したということができよう。そこには、信仰と知性、霊性と哲学的思索、個人的経験と普遍的学問が、緊張を孕みながらも動的に出会い、相互に鼓舞されていく場を探求しようとするシュタインの意図が見られる。

シュタインが十字架のヨハネ研究を通して探求した「十字架の学問」とは、実践的な学問、生のための学問、生きられるべき神学であった。それは、祈りと観想生活を通して得られる神の知であった。シュタインのヨハネ解釈の独自性は、ヨハネの霊性に見られる神への探求と霊的深化の道行きを現象学的思惟によって解明しようとしていることにある。特定の教義や宗派の問題からは独立した形で、神的なるものの直観という宗教的次元にまで至ろうとする現象学的思惟は、時空を異にする十字架のヨハネとの対話と対峙のなかで、今・ここで、ある神秘家が生きた霊性の本質的な意味を理解し、生きようとするものである。それはキリスト教神秘主義を現代の思想の地平において賦活させようとする試みであり、それこそがシュタインが生涯探究し続けた「永遠の哲学」の新生への途であった。

第十一章　アウシュヴィッツでの死とキリストへの道行き

1　最晩年の日々

エディット・シュタインの晩年は第二次世界大戦下、内外の危機的状況にさらされ、ユダヤ人迫害の暗雲が垂れこめるなかで、十字架のヨハネなどの神秘家の霊性との対話を通して、神への揺るぎない信頼と神秘的体験に裏づけられた明澄で深淵な神秘思想の世界に参入した。シュタインの現象学を中心とする業績は高い評価を得たが、彼女の思想的歩みが赴いたところは、生のための学問、生きられるべき神学であった。

この章ではエディット・シュタインの最晩年の足跡を辿り、彼女の思想が最終的に赴いたところ――アウシュヴィッツにおける死と自己無化（ケノーシス）、そしてキリストへの道行きについて見てゆくことにしたい。

シュタインはミュンスターの教育研究所の講師をしていた一九三三年、ナチスのユダヤ人迫害によって公的な職業につくことを禁じられ、教職を奪われる。この後の彼女の歩みについては前述したように、この時、彼女はカトリックの洗礼を受けた時からずっと心にあたためてきた望みを実現する時がきたことを悟り、ケルンのカルメル会修道院に入会する。カルメル会では静かな祈りの生活に潜心し、祈りと観想の日々を過ごしていたが、一九三八年、ナチスのユダヤ人絶滅政策が強化され、身の安全を守るためオランダのカルメル会への移住を余儀なくされる。その後さらに中立国であるスイスのカルメル会へ移ることを探っていたが、一九四二年八月、オランダの司教がナチスを非難する教書を宣布したことによって、オランダのカトリックのユダヤ人が一斉に逮捕され収容所に連行される事件が起きる。

八月二日、彼女の住んでいた修道院にゲシュタポがやって来て、シュタインと姉のローザは修道院から狩り出される。シュタインは自らの命を差し出す時が来たことを知り、この苦難を多くのユダヤ人の同胞とともに受ける覚悟をする。彼女が修道院を去る時に姉の手を取って言い放った言葉は「私たちの民のところへ行きましょう(1)」であったと、当時二人の姉妹が修道院から狩り出される時に居合わせた人が伝えている。

第八章で見たように、シュタインはカルメル会修道院に入った時、「十字架に祝せられたテレジア」という修道名を選び、自分の使命は「受難のキリストの生き方に参与すること」にあると内的に確信していた。カルメル会修道女の修室には、磔刑のキリスト像のない十字架がかかげられていて、自らが十字架にかかって死ぬことを日々望み、実践することが求められる。

シュタインは逮捕されてから六日後、アウシュヴィッツへ輸送されるまでの数日間オランダのヴェスターボルク収容所に抑留され、この間に何人かの人々が彼女と出会っている。そのなかの一人の証言を引用する。

収容所でのエディット・シュタインと他の人々との違いは、その静謐さにあった。彼女はゲシュタポに監視されているなかでも、助けを必要としている人々のところへ出かけ、平常心を失ってしまった母親の子供たちの面倒をみたり、皆で一緒にロザリオの祈りを唱えたりしていた。彼女の表情は悲しみを湛えていたが、不安におののいている様子はまったく見られなかった。これから人々にふりかかる受難に思いをよせていたのだろう。彼女はとても落ち着いていた。エディット・シュタインが収容所のバラックに座っている姿を思い出すとき、キリストを腕に抱きかかえていない、ピエタ(2)が心に浮かんでくる。(3)

この証言は、強制収容所ですべての人々の同伴者として、苦難のうちにある人々に寄り添ったシュタインの最後の姿を彷彿させる。

アウシュヴィッツへ輸送される前日、シュタインは修道院長に次のような手紙を書き残している。

親愛なる院長様

ある修道院の院長が昨夕ここにいる姉妹に荷物を届けに来られましたので、この手紙を持ち帰っていただくことにしました。明日早朝に輸送が行われることになっています。(シュレージエンかチェコスロバキアか?)一番必要な物は、毛の靴下と毛布二枚です。姉のローザのために暖かい下着と衣類、タオルも必要です。ローザは歯ブラシも十字架もロザリオも持っていません。私のために聖務日課書をいただければありがたいです。これまでのところ、素晴らしく祈ることができました。私たちに身分証明書、家系表、パンの配給券もください。心から感謝しています。　エヒトのシスターの皆様によろしく。

十字架のベネディクタ、エディット・シュタイン(4)

このシュタインの手紙には、彼女が最後に行き着いた、結晶のような祈りが滲み出ている。彼女は苦難と悲愛において他者とつながり、「最愛の方」と一つになり、栄光に輝く祈りへと導かれる。「素晴らしく祈ることができました」で用いられている(herrlichという)ドイツ語は、素晴らしい、輝かしい、晴れやかなという意味の形容詞である。聖堂もミサも祈禱書もないところで、そこに現存することそのものが祈りへと昇華されたシュタインの最後の境涯が滲み出ている。

2　問題の所在――殉教者としての列聖

ナチスのショアーによるアウシュヴィッツでの彼女の死は殉教と認められ、一九九八年にローマ教皇ヨハネ・パウロ二世によって列聖された。(5)

これまでにもシュタインの殉教者としての死については多くの論議を呼んできたが、(6)シュタイン自身が死の直前に何を知り、どのように死と対面したか、という点について決定的な資料や証言に事欠いている。たしかに、シュタインの著作のなかに、死や苦しみについて言及されている箇所は多くあり、(7)彼女が死をなんらかの意味で準備し、信仰のうちに受け止める姿勢を示していたことは確かである。しかしながら、その一方で、最後まで身の安全を求めて、スイスへの移住の手続きを進めていたことも明らかである。

本章では最新の調査研究を踏まえ、シュタインがアウシュヴィッツに向かう貨車のなかから投じた最後の「メモ」(8)に見られる言葉を手がかりに、彼女の最後の足どりを辿り、シュタインの最後の境涯について明らかにしてみたい。この「メモ」の“Unterwegs ad orientem”という言葉にこめられた真意を読み解くために、キーワードである“oriens”をめぐって、シュタインの聖書解釈と霊性との関わりで論究してみることにする。

一九四二年にアウシュヴィッツで殺戮されたエディット・シュタインの消息はしばらくの間カルメル会には知られていなかった。その二年後の一九四四年、シュタインが所属していたケルン・リンデンタールの修道院は爆撃によって、ことごとく破壊され、彼女が移住先として身をよせていたオランダ・エヒトのカルメル会との連絡は途絶えがちになり、彼女の消息に関する情報は混迷していた。一九五〇年オランダの官報は、オランダから強制輸送されたすべてのユダヤ人の氏名を公表し、そのリストのなかでエディット・シュタインは一九四二年八月九日に死亡したことが明示されている。(9) シュタインがカルメル会に入会したときの修練長をつとめていたテレジア・レナータ（Teresia Renata de Spiritu Sancto）は、一九五四年、『思い出と手紙によるエディット・シュタインの生涯』というシュタインについての初めての伝記を公刊した。(10) 一九六二年、ケルンのヨゼフ・フリンクス（Josef Frings 一八八七―一九七八年）大司教によって列福のための一般的な調査が開始された。(11) 書類による調査、分類とともに、証人の意見が聴取された。フリンクス枢機卿の後を継いだヨゼフ・ヘフナー（Joseph Höffner 一九〇六―

一九八七年）枢機卿は、一九七二年全資料をローマへ送り、列聖省に受理された。一九七七年、列福会議を招集するために、二人の神学専門の監察官によって、エディット・シュタインの著作が審査された。一九八〇年、ドイツ司教会議は、教皇ヨハネ・パウロ二世にエディット・シュタインの列福のための審査を願い出た。全世界から列福のための懇願書が集められた。ケルンの列福調査委員会の委員長の任にあたったシュラフケ（Jakob Schlafke 一九一一―一九九六年）は、列福の根拠としてカトリックの信仰において受難と死を受け入れたシュタインの殉教者としての証《あかし》を示したが、この点について特にローマは関心を示さず、通常の過程に従って英雄的功徳について調査する方向で列福調査が進められた。しかし一九八三年、ヘフナー枢機卿は改めて教皇に嘆願書を送り、そのなかで、一九四二年オランダの司教団が発表した教書への報復として、オランダ在住のユダヤ人カトリック者が一斉に捕らえられたことを強調し、列福の根拠をエディット・シュタインの殉教に認めることを嘆願した。一九八六年、ローマの列福審査委員会はこの見方を受け入れ、エディット・シュタインの殉教について英雄的・福音的功徳と合わせて調査することを決定した。一九八七年、シュタインはケルンを訪問した教皇ヨハネ・パウロ二世によって列福された。同年、重い病気で瀕死の状態にあったテレサ・ベネディクタ・マッカーシー（Teresa Benedicta McCarthy）というアメリカの少女がエディット・シュタインに執り成しの祈りを願ったところ、奇跡的に病気が癒されたという奇跡がカトリック教会によって認定された[12]。この奇跡の認定と信仰における殉教死によって、エディット・シュタインは一九九八年十月十一日に、十字架の聖テレジア・ベネディクタおとめ殉教者として、ローマにおいて列聖された。

シュタインがカトリック教会の殉教者として列聖されたことに対して、批判と反論が出されている[13]。主な論点は、シュタインがアウシュヴィッツで殺戮された根拠を問うものである。シュタインは死の直前まで身の安全を計るためにスイスへの移住を試みていたこと、またカトリックの信仰のために死を選んだというよりも、ユダヤ人であるがゆえに殺戮されたことは歴史的な事実であり、なぜ彼女だけが命を奪われた数多くのユダヤ人のなかで殉教者として列聖されたのか、という疑問も出されている。さらに、アメリカの一部のユダヤ人団体はカトリックに改宗したシュタインはもはや「ユダヤ人」ではない、と主張している。なぜなら彼らにとってユダヤ人とは民族名ではなく、ユダヤ教徒を意味するからである。この点については、非常にデリケートな問題であるが、先に見たように、シュタインは自身の履歴に「ユダヤ人」と記し、キリスト教に改宗した後もユダヤ人としての誇りとアイデンティティーを失っていなかったと思われる。彼女にとってユダヤ人はイエス・キリストへの信仰こそ抱いていないが、聖書に顕われている唯一の神を信じる民であり、彼女自身もユダヤの民の信仰に連なっていることを自覚していた。現在ではユダヤ教とキリスト教との和解と対話は促進してきたが、シュタインは宗教間の対話について先駆的な見方をしていたということができよう。

シュタインはどのような意味において殉教者であるのであろうか。確かにシュタインはキリスト教の伝統的な殉教の理解に見られるように、信仰を証しするために自ら進んで死を選んだとは言い難い。しかしながらナチスに逮捕された直接のきっかけは、当時彼女が在住していたオランダの司教団が公にしたナチスに反対する教書にあった。

オランダ司教団の教書の内容は次の通りである。

私たちは精神的にも物質的にも大きな苦難の時代を体験しています。一つはユダヤ人の苦難であり、もう一つは外国で労働を強制されている人々の苦難であります。……愛する兄弟たちよ、深い謙遜と悲しみの心をもって反省してみましょう。私たち自身もこの苦しみに対して責任を負っているのではないでしょうか。私たちはいつも第一に神の国と正義を求めていたでしょうか。私たちは隣人に対して、正義と慈悲を実行してきたでしょうか。……神がすみやかにこの世に正義と平和を与えてくださいますように、今日試練のうちにあるイスラエルの民を強め、彼らをイエス・キリストにおける真の救いへと導かれることを祈りましょう。……苦しみと抑圧のうちにある人々、捕らえられ、収容されている人々、命の危険にさらされている人々、すべての人々のために祈りましょう。主よ、あなたにより頼む人々の祈りに耳を傾けてください(14)。

この教書はカトリック教会のユダヤ人強制輸送に対するプロテストであり、ナチの残虐な行為への非難を意味し、教会は迫害される人々の側に立つことを表明しているため、オランダ国内で大きなニュースとなった。当時のヨーロッパのカトリック教会が、ユダヤ人にさらなる苦難がふりかかることを避けるために、ナチに対して沈黙を守っていたのとは対照的に、このオランダ司教団のプロテストは決然とした勇気あるナチ証言であった。一週間後、報復としてオランダ在住のすべてのカトリックのユダヤ人が一斉に逮捕された。この時の逮捕は、いわゆる一般的なユダヤ人狩りではなく、カトリックに的を絞ったユダヤ人狩りであったため、シュタインもカトリックの信仰のゆえに捕らえられたと見なされたのである。ケルンのカルメル会のマリア・アマータ・ナイヤー（Maria Amata Neyer 一九三二年―）をはじめとする人々はシュタインの殉教を支持するが、彼女はともに逮捕され、生命を奪われた多くの犠牲者を代表するという意味で、列福・列聖されることを望んだ。ナイヤーはシュタインの列聖を「エディット・シュタインとその仲間の殉教者」と呼ぶことを提案したが、教会に受け入れられなかった[15]。

オランダ司教団によるナチへのプロテストの教書に対する報復措置として、オランダのカトリックのキリスト者が一斉に逮捕され、収容所へと連行されたこと、そしてさらには、シュタインが自らの死に対する霊的な準備をしていたこと、自らの命を世界平和と信仰をもっていない人々のために捧げる意志を表明していたことが[16]、シュタインの殉教の根拠として上げられている。しかしながら、それでもなおかつ重大な問いは残る。シュタインは最終的にはユダヤの血統に属していたがゆえにショアーの犠牲となったという疑いようもない事実である。

シュタインがどのような意味で殉教者でありえたのかを追跡するためには、彼女がアウシュヴィッツに送られる直前に来たるべき運命について何を知り、どのように死に直面し、霊的にはいかなる境涯にあったのかという、シュタインの霊的な魂の軌跡を辿ることが要求される。

3　アウシュヴィッツへの途上で託された「最後のメモ」

一九四二年八月七日、オランダのヴェスターボルク（Westerbork）収容所を出た貨車は、シュタインらカトリックのユダヤ人を乗せアウシュヴィッツへと向かったが、その途中ドイツのシファーシュタット（Schifferstadt）の駅で一時停車した。シファーシュタット駅のプラットホームでシュタインに出会い、彼女から走り書きのメモを託された人がいる。[17] シファーシュタットでの出来事について証言したのは、駅員のヴァレンティン・フーケ（Valentin Fouquet 一八八二―一九七七年）、カトリック司祭のフェルディナンド・メッケス（Ferdinand Meckes 一九一一―二〇〇五年）、学校教師のエマ・イェクル（Emma Jäckle 一九一一―一九九六年）の三人である。シュタインの手から渡された「最後のメモ」に残された言葉とその意味を探るために、まず彼らの証言を引用することにしよう。

駅員のヴァレンティン・フーケは次のように報告している。

一九四二年八月七日の正午ごろ、私はシファーシュタットのプラットホームでザールブリュッケンからルードヴィッヒスハーフェンへと向かう列車を待っていました。その列車の到着するプラットホームの前に囚人を運ぶ貨車が停車していました。その貨車のなかから、黒っぽい服装をした女性がわたしに話しかけ、わたしはシファーシュタットからの者であるかどうか、またカトリック司祭のシュヴィンド師の家族を知っているかどうかと尋ねました。そこでわたしは、コンラート・シュヴィンド司祭は同窓生で、よく知っていることを伝えました。そうしたところ、その女性は、「わたしはエディット・シュタイン、テレジア・ベネディクタ修道女です。東方へ向かっています。」とお伝えください、と言いました。(18)

第二の証言は、教区司祭のフェルディナンド・メッケスからよせられた。彼は同じくシファーシュタットの駅で、貨車のなかから一人の女性に呼びかけられた。

貨車のなかに動きがあった。一人の女性が「あなたは神学生の方ではありませんか?」「ええ、そうですけれども、あなたはどなたでしょうか?」「わたしは十字架のテレジア・ベネディクタ修道女――エディット・シュタインと申します。ラウラー神父様と聖マグダレナ学院のシスター方によろしくお伝えください」。彼女はもう一度わたしに呼びかけました。「お願いがあるのですが」と言って、カレンダーの切れ端に書かれた小さなメモを外へ差し出したのです。わたしは線路に飛び降りて、そのメモを拾い上げました。ちょうどその時、二人の女性が通りかかったので、こう話しかけました。「あなたがたは学校の先生でいらっしゃいますか。あのちょうどあそこにまだ尾灯が見える、あの汽車で輸送されたエディット・シュタインをご存じですか。彼女からこのメモを渡されました」。そして、わたしはこの女性教師にこのメモを手渡したのです。[19]

メッケスから「メモ」を受け取ったエマ・イェクルは、一九二八年から三一年にかけて聖マグダレナ学院でシュタインの教え子であった。彼女は一九九三年にシュパイアーの司教、アントン・シュレムバッハ（Anton Schlembach 一九三二年―）の質問に答えて、次のように証言している。

その日シュパイアーにいる母を訪ねに行こうとして、シファーシュタットの駅のホームで汽車を待っていました。すでに三番のプラットホームには囚人を乗せた貨車が停車していました。その貨車とわたしの間の距離は二メートルほどだったと思います。……シュタイン博士はこちらを振り向いて、はっきりとした明るい声でこう言いました。「エマ、聖マグダレナのシスターたちによろしくお伝えください。わたしは東方へ向かっています」。[20]

イェクルはシファーシュタットからシュパイアーに向かう汽車のなかで、偶然聖マグダレナ学院の修道女であったアロイジア・フィッキンガー（Aloysia Fickinger）に出会い、このメモを渡したと報告している[21]。その後、特定の宛名のなかったシュタインの「最後のメモ」がどのような経路で、フライブルクの聖リオバ修道院にいる、プラチダ・ラウプハルト（Placida Laubhardt 一九〇四―一九九八年）のもとに渡ったかについては、明らかではない。プラチダ・ラウプハルトは、シュタインと一九二二年にブレスラウで知り合い、その後も文通を重ね[22]、ケルンにシュタインを訪ねた友人である[23]。彼女は父親がユダヤ人であったため、聖マグダレナのシスターたちはユダヤ人の強制収容所への輸送を警告する意味で、「東方へ向かっている」と記されたシュタインの「メモ」を彼女に届けたのかもしれない。実際にプラチダ修道女はその翌年の一九四三年、ラヴェンスブリュック（Ravensbrück）の強制収容所に送られたのである[24]。プラチダ修道女の所属していた修道院は、ナチスの危害が及ぶことを懸念し、この「メモ」を受け取った数日後、焼却処分したという。

しかしながらプラチダ修道女は、この「メモ」に記されていた言葉を次のように明確に記憶していると語っている[25]。"Grüße von Schwester Benedicta a Cruce. Unterwegs ad orientem"（「十字架のベネディクタ修道女からのご挨拶をこめて。オリエンスへ向かう途上で[26]。」）

4　"Unterwegs ad orientem"

シュタインの最後の言葉となった"Unterwegs ad orientem"は、最初のシュタインの伝記を記したケルンのカルメル会修道院長のレナータ・ポッセルトによって、次のような異なったニュアンスで報告されている。

最後の便りは見知らぬところからフライブルクの聖リオバ修道院にいる修道女のもとに届けられた。そのメモには鉛筆で次のように記されていた。「ポーランドへ行く途上で、あいさつを送ります。十字架のベネディクタ修道女」[27]

ポッセルトは、このメモについての情報を直接プラチダ修道女からは得ていないことは確かである。ポッセルトはプラチダ修道女が受け取ったメモの言葉とは意味の異なる表記をしている。さらに、その後に出版されたポッセルトの伝記には、「ポーランド」の部分が「東方」に書き直されている[28]。"Unterwegs ad orientem"が具体的な行き先についてのみ記されたものであるというポッセルトの解釈は、それ以降吟味されることなく、他の書物にも引用され、[29] さらには"ad orientem"の部分がドイツ語に変えられ、"Unterwegs nach Osten"となって記されている。[30] ドイツ語の"nach Osten"「東方へ」という表記は、シュタインがアウシュヴィッツへ輸送される前日に記した手紙のなかに、輸送される場所にふれている文面が見られることからも、[31] "ad orientem"のドイツ語訳であるとも考えられる。しかしながらシュタインが、この部分をあえてラテン語で表記したのは、単なる「地理的な東方」以上の意味があったのではないだろうか。シュタインは学術書においても個人的な書簡のなかでも、ラテン語を用いるとき、そこに特別な意味をこめている場合が多い。[32]

一九四二年当時、ユダヤ人にとって「東方への輸送」は何を意味していたのであろうか。シュタインが遺した最後の言葉は何を意味しているのだろうか。われわれはまず、シュタインがユダヤ人大量殺戮の事実をどこまで知っていたのか、さらに、迫り来る死に直面してどのような心境にあったたか、この二点にしぼってさらに論究を進めたい。前者の問いは、一九四二年当時の歴史的な問題にも立ち入ることになる。後者の問いについては、最後の「メモ」に見られる聖書に依拠する言葉、"Oriens"に注目し、シュタインが慣れ親しんでいた聖書では"Oriens"がどのような意味をもっているかを明らかにし、「メモ」に託されたメッセージの意味を解読したい。

5　ユダヤ人の東方への輸送

一九三九年に設立されたアウシュヴィッツ強制収容所ではすでに一九四一年の九月にロシア人の囚人に殺戮を目的とした最初のガス実験が行われていた。(33) 一九四二年一月、ヴァンゼー会議において「ユダヤ人問題の最終解決」について協議され、ユダヤ人の組織的絶滅についての政策が極秘のうちに決定された。この決定を受けて、当時のナチス親衛隊長であったハインリッヒ・ヒムラー（Heinrich Himmler 一九〇〇―一九四五年）はアウシュヴィッツ・ビルケナウ収容所の所長、ルドルフ・ヘス（Rudolf Höß 一九〇〇―一九四七年）にビルケナウ収容所が一九四二年六月よりユダヤ人大量殺戮の拠点となることを告げた。(34) しかしながら「ユダヤ人問題の最終解決」は極秘事項であり、一九四二年当時、一般の人々にはアウシュヴィッツ収容所の名はほとんど知られておらず、ユダヤ人は労働のために東方へ輸送されているのだと考えられていた。(35) ベルリンの国有鉄道局は、多数の移住者によってアウシュヴィッツがヨーロッパ最大の都市になるだろうと報じたものの、それは単なる移住ではなく、輸送されたユダヤ人がもはや生きていないことは歴然とした事実であった。

さて当時、エディット・シュタインのもとにはユダヤ人問題についてどれほどの情報が入っていたのだろうか。ロンドンのオランダ人向けラジオ放送は、一九四二年六月二七日に、七〇万人のユダヤ人が殺戮されたことを報じた。(36) さらにその一週間後の一九四二年七月初め、ロンドンからのラジオの電波放送はフランス語で強制収容所のガス室でユダヤ人大量虐殺が行われていることを報じた。(37) オランダのカトリック司教団が同年七月二六日に出したナチスを非難する教書は、こうした水面下でのユダヤ人虐殺の報道を受けてなされた緊急性の高いものであった。(38)

時を同じくして一九四二年八月、ジュネーブの世界ユダヤ人会議(World Jewish Congress)の議長代理をつとめていたゲアハルト・リーグナー(Gerhart M. Riegner 一九一一―二〇〇一年)は、一九四二年八月八日に、次のような電報をニューヨークの世界ユダヤ人会議議長、ステファン・ワイズ(Stephan A. Wise 一八七四―一九四九年)宛に打っている。

……三五〇から四百万人のヨーロッパの全ユダヤ人が東方へ輸送され、収容された後、一撃のうちに殺戮されることになっています。(39)……

この情報が当時、地方のユダヤ人協会（Judenräte）にどの程度伝えられていたかを知るために、筆者は現在ジュネーブにある世界ユダヤ人会議におられたリーグナーと連絡を取った。リーグナーから筆者への返答の手紙には次のように記されている。

わたし自身は個人的にはすでに一九四一年の秋には、東方ヨーロッパで行われているユダヤ人大量殺戮のことを知っていました。しかしヒトラーがヨーロッパにいる全ユダヤ人を殺戮するという命令を出していたということを知ったのは、一九四二年の七月のことでした。そこでわたしは、この情報をアメリカとイギリスに伝えたのです(40)。

シュタインがユダヤ人の大量殺戮計画の実態をどの程度知っていたかをさらに詳しく突きとめるために、彼女が当時関わっていたユダヤ人協会がどのような情報を得ていたか、を探る必要があるだろう。シュタインはオランダからスイスへの移住を計るために(41)、かねてよりユダヤ人協会と連絡を取っていたが、一九四二年八月にゲシュタポに逮捕され、アウシュヴィッツに輸送される前の数日間滞在したヴェスターボルク収容所でもユダヤ人協会の人々と交渉していたことがわかっている(42)。ユダヤ人協会は、すでに一九四二年三月にはドイツ系ユダヤ人が東ヨーロッパで労働につくために強制収容所に輸送されているという情報を得ていた(43)。ヴェスターボルク収容所でシュタインに会った人の証言は、彼女が次のように話していたことを伝えている。「これまでは祈ってから働いてきましたが、これからは働いてから祈ることになります(44)」。

シュタインのヴェスターボルク収容所での言動から見る限り、彼女は来たるべき運命についてどのような情報を得ていたか特定し難い。しかしながら、輸送される貨車のなかから託したメモの“Unterwegs ad orientem”という言葉からは、彼女が輸送される直前か、あるいは輸送される途中の貨車のなかでユダヤ人協会の関係者を通して、あるいはユダヤ人の間のうわさからユダヤ人殺戮についての何らかの情報をつかんでいたと思われるような、ある種の切迫性のあるメッセージがあるのではないだろうか。身の安全を計るためにスイスへの移住を最後まで試みる一方、シュタインはつねに迫る死と対峙しつつ生活していたことは、次の手紙の言葉からも窺い知ることができる。

新しい年を主のみ手にゆだねています。わたしたちはこの年の終りまで生きられるかどうかわかりません。ただ一日一日救い主によって満たされ、日々永遠のいのちへと自らを深め、主の呼びかけがあるときには、喜んでいつでもこの世の苦しみを捨てて、主に従うことができるよう準備をしているのです(45)。

6　聖書における“Oriens”

シュタインの「メモ」の“Unterwegs ad orientem”という言葉は、「光は東方から」(“Ex oriente lux”)という言葉との類似が連想される。「光は東方から」という言葉は地理的、文化的な意味合いが強く、宗教的な意味をに用いられることは少ない(46)。しかしながらシファーシュタットでのシュタインの「メモ」にある“oriens”は聖書と典礼にその源泉をもつ、特別な意味のある言葉を指しているのではないだろうか。シュタインが“oriens”という言葉で何を意味していたかを探るために、われわれは当時のカトリック教会が用いていたラテン語訳のヴルガタ聖書を見てみることにしよう。シュタインがケルンとエヒトの修道院で用いていた聖書は、幸いなことに現在ケルンのエディット・シュタイン資料室に保管されており、彼女の直筆サインで名前が記されている。シュタインの部屋にあった聖書は、三巻よりなる旧約・新約聖書のヴルガタ聖書で、アウグスティン・アーント（Augustin Arndt 一八五一―一九二五年）によるドイツ語訳と註解の聖書である。[47]この聖書はラテン語とドイツ語が並行して、同じページに記載されているものであり、詳細な註が添えられている。当時のケルンのカルメル会の図書室には、ヨゼフ・フランツ・フォン・アリオリ（Joseph Franz von Allioli 一七九三―一八七三年）のドイツ語訳を伴ったヴルカタ聖書、[48]さらにはオイゲン・ヘンネ（Eugen Henne 一八九二―一九七〇年）訳による旧約聖書、[49]コンスタンティン・ローシュ（Konstantin Rösch 一八六九―一九四四年）訳による新約聖書[50]も所蔵されていた。当時のカルメル会では複数の聖書の翻訳と註解を読み比べて読む修道女はほとんどいなかったということであるが、[51]シュタインは手元にあったアーントの学術的な内容のヴルガタ聖書に加えて、おそらくアイオリのヴルガタ聖書、ヘネとローシュのドイツ語訳聖書にも目を通していたと考えられる。そこでわれわれは、シュタインの「最後のメモ」の鍵をにぎる“oriens”という言葉の核心を突きとめるために、シュタインの目にふれたであろう複数の聖書を検討してみることにしよう。

（1）救い主の名としての“oriens”

聖書のなかで“oriens”についてふれられているのは、ベネディクトス（ザカリアの預言、ルカ一・六七―七九）の七八節である。ザカリアの預言は、聖務日課の朝の祈りで唱えられる歌で、シュタインが生活していた当時の修道院では、聖務日課はすべてラテン語で唱えられていた。ベネディクトスにおいて、神の憐れみによってもたらされる救い主の誕生が歌われている。

ルカ福音書一章七八節

…per viscera misericordiae Dei nostri in quibus visitavit nos oriens ex alto…)

これは我らの神の憐れみの心による。この憐れみによって、高いところからあけぼのの光が我らを訪れ、……

アーントはこの箇所を次のように訳している。

我らの神の深い憐れみによって、高いところからあけぼのの光が我らを訪れ、(52)……

ここでアーントはゼカリヤ書三章八節、六章一二節、さらにマラキ書四章二節を参照にしている。アーントによれば、マラキ書四章二節は次のように訳される。

しかし、わが名を畏れ敬うあなたたちには正義の太陽が昇る。

さらにアーントは次のように註解する。

キリストは救いの源であり、裁き手としてあらゆる善なる存在をもたらし、悲しみは打ち消され、聖なるものが与えられ、その方はまさしく正義の太陽と名づけられる。

ローシュはルカ福音書一章七八節を次のように訳す。

我らの神の心からの憐れみによって、高いところから始まりが我らにもたらされる。(53)

ヴルガタ訳の聖書によれば、“oriens”についてふれられている旧約聖書の箇所は、救い主との関わりで、類型論的な解釈がなされており、とりわけゼカリヤ書三章八節、六章一二節、イザヤ書四一章二節の三つの箇所が上げられよう。

ゼカリヤ書三章八節

…ecce enim ego adducam servum meum orientem.

わたしは、今や若枝であるわが僕を来させる。

アーントはこのテキストの意味を強調するために中心的な言葉を大文字で記し、次のように訳している。

見よ、わたしは若枝であるわが僕を来させよう。(54)

アーント解説は次のように続く。

彼は神の僕、救い主である。

アリオリの訳は次の通りである。

見よ、わたしは始まりである、わが僕を来させよう。(55)

アリオリはいくつかの聖書の箇所を示しながら、「古いユダヤ人とキリスト者によって、この名は救い主と理解されていた」と註解している。

ゼカリヤ書六章一二節
Ecce vir Oriens nomen eius
これが「若枝」という名の人である。

アーントは再びこの箇所を大文字で記している。アーントの訳は次の通りである。

その人を見よ、彼の名は若枝という。彼のもとから若枝が萌えいで、彼は主の神殿を建てるだろう。(56)

彼の註解は次のように続く。

このカルデア的なテキストはまさに次のことを説明しようとしているのである。その人を見よ、救い主という名の人を。彼は現れ、賛美されるだろう。

アリオリの訳は次の通りである。

来たるべきその人を見よ、始まりが彼の名である。(57)

註解では、先にふれたようにアリオリはゼカリア書三章八節をふたたび参照にしている。ヘネの訳は次の通りである。

見よ、「若枝」という名の人を。(58)

そして次のような註解が続く。

ゼカリヤは帰還した三人の捕囚の贈り物から王座をつくり、大祭司の中心に彼が座する。

（2）"oriens"からもたらされる救い

イザヤ書四一章二節

Quis suscitavit ab oriente iustum?

東からふさわしい人を奮い立たせたのは誰か

アーントはこの箇所を次のように訳している。

始まりから正しい者を奮い立たせたのは誰か。[59]

ここでアーントはこのテキストを明確に救済的な意味には解釈していない。それに対してアリオリは次のように註解する。

正しい者とは、油を注がれた人を意味し、その関連でキリストを指す名称ともなる。

先に引用したイザヤ書の箇所は、"oriens"が救い主の名を直接指しているのではなく、そこから救いがもたらされるところのものを意味している。すなわち、“oriens”から救いが来るのである。

救いの到来を告げる“oriens”という理解は、待降節にマリアの賛歌の前後の公唱として歌われる七つの“O”で始まる公唱（O-Antiphonen）に明確にあらわれている。“O”で始まる公唱は、旧約聖書、特にイザヤ書に由来する救い主をあらわす称号で、“O”で始まる呼び名は救い主の到来を待ち望む期間である、待降節の一二月一七日から二三日に歌われる。七つの公唱の第四番目の歌は、“oriens”という名で呼びかけられる。シュタインの時代にはこの公唱はすべてラテン語で唱えられていた。

O Oriens, splendor lucis aeternae et sol iustitiae: veni, et illumina sedentes in tenebris et umbra mortis.(60)

威光の輝き、義の太陽、暗闇と死の陰に座している者たちを照らす方、おいでください。

この公唱はルカ福音書のザカリア歌の次の箇所との関連が指摘できよう。「これは我らの神の憐れみの心による。この憐れみによって、高いところからあけぼのの光が我らを訪れ、暗闇と死の陰に座している者たちを照らし、我らの歩みを平和の道に導く」（ルカ一・七八―七九）救い主の名を指す "oriens" は、「あけぼのの光」「夜明けの星」にたとえられ、暗闇と死の陰にある者を照らす。ここでは、神の憐れみは "oriens" すなわち光からもたらされることが強調されている。

7 キリストのもとへ

シュタインが "oriens" をどのように理解していたか、彼女がカルメル会修道院で用いた聖書と典礼書の祈りから、"oriens" に言及した箇所を見ることによってその意味するところの核心に迫ることができた。キリストに光を見いだしたユダヤの民の娘[61]シュタインにとって、これらの聖書と典礼の言葉は、死へとおもむこうとしている時に、とりわけ身近に感じられたにちがいない。アウシュヴィッツへ向かう途上で、おそらく死が目前に迫っていることを知ったシュタインは、「暗闇と死の陰に座している者たちを照らし」に来られる方、キリストへの途上にあることを知らせるために、"Unterwegs ad orientem" という言葉を残したのではないだろうか。アウシュヴィッツへの旅の途上、「十字架に祝せられたテレジア」（Teresia Benedicta a Cruce）

という修道名を受けたシュタインは、受難のキリストの神秘の前で自らの自己無化（ケノーシス）について思いをめぐらしていたことだろう。[62]

シュタインは死に対峙して、キリストの十字架が向かうところへと、わが身を委ねている。ユダヤ教の大祝日である「贖罪の日」（ヨム・キプール）に生をうけたシュタインは、キリスト教に出会ったその最初の瞬間から、「受難のキリスト」に強く引きつけられ、彼女の霊性の中核には十字架のもつダイナミズムが律動していた。[63]

十字架はそれ自体のためにあるのではない。十字架は高く挙げられ、上のものを指し示す。[64]私たちはキリストとともに死んで、復活しなければならない。それは苦しみを通して生涯、死を生きぬくこと、日々の自己奉献、そしてある状況においては、キリストの使信を守るために殉教の死をもいとわないことである。[65]

「めでたし十字架よ、唯一の希望よ！」（Ave Crux, Spes unica!）は特に晩年のシュタインがもっとも愛した言葉の一つである。[66]十字架に根ざし、十字架へと向けられたシュタインの霊性[67]は、カルメル会の霊性が目ざす魂の神との一致についての彼女の解釈[68]にもあらわれている。

魂が花嫁として神と一致することは、魂が創られた目的である。そのような神との一致は十字架によってもたらされ、十字架上で成し遂げられ、十字架とともに永遠に刻印されているのである。[69]

このような十字架についての記述とともに、晩年のエッセイには、「光」という言葉も頻出している。[70] それればかりか、シュタインはゲシュタポによって逮捕された一九四二年八月二日、かねてより執筆を急いでいた『十字架の学問』の最終部分の十字架の聖ヨハネの死についての叙述にさしかかっていた。[71] 次に引用する文がこの未完の作品の最後のページとなった。

夜九時から十時にかけて、他の修道士が寝静まったため、フランシスコ・ガルシア修道士は師の枕元に行き、ロザリオを唱えようとした。そのときヨハネ師が見ておられたことを見る喜びに与れるのではないかとい考えが浮かんだ。その後神父たちが詩編を唱えているあいだに、ガルシア修道士は突然、天井と師の枕元で光が輝くの見た。その光は十四、五人の修道士たちがもっていたランプと祭壇のろうそくの光を鈍く感じさせるほど光っていた。聖人はだれにも気づかれずに息を引きとったが、ガルシア修道士は師を抱きかかえていた。その時突然彼は枕元で明るい光を見た。『それは太陽や月のような光を放ち、祭壇のろうそくの光は暗く雲におおわれたように見えた』ディエゴ修道士だけが聖人が息絶えたことに気づいていた。『わたしたちの父はこの光のうちに天国へと行かれました。』と彼は傍にいた人々に言った。そしてフランシスコ修道士、マタイ修道士とともに聖人の遺体を納棺しようとしたが、あたりは芳しい香りに満ちていた。[72]（ここで『十字架の学問』は未完のまま終わっている。）

十字架の聖ヨハネの死の場面に描かれている「光」が、彼女の最後の言葉、"Unterwegs ad orientem"に直接の影響をもたらしたのかどうかについては推論の域を超えることはできない。しかしながら、シュタインが逮捕される直前にこの箇所を執筆していたことから、十字架の聖ヨハネの死について黙想する時をもったことであろう。十字架の聖ヨハネの死の場面で描かれている「光」は、高次の神秘的な現象・体験であるだけでなく、シュタインにとって「光」は、光であるキリストとの結びつきで理解されている。「わたしは世の光である。わたしに従う者は暗闇を歩まず、命の光をもつ」（ヨハネ八・一二）。さらに先に見たように、シュタインは「光」をもたらす方、救いの源としてのキリストを十字架との関わりで捉えている。彼女の死の一年前にしるされた詩には、「十字架・光・キリスト」についての静謐な祈りが表されている。

十字架は夜の暗闇に沈んでいく。

その夜に、突然新しい光が貫く。その光は想像を絶するような、優しく、祝福された光だった。

それは、十字架上で亡くなった、あの方の受けられた傷からもたらされたものだった。いま、あの方はわたしたちのうちにおられる。

彼自身が光だった。わたしたちが太古から待ち望んでいたおん父の鑑、人々の救いとなった方。

彼は両腕を大きく広げ、天上的な声でこう語った。「おん父に忠実に仕え、救い主への希望のうちに生きた人々はわたしのもとに来なさい」。見てごらんなさい。彼はあなたとともにいる。彼はあなたを御国へと導く。

そこでなにが起こったか、語る言葉はもはやない。

祝福を待ち望んでいたわたしたちは皆、今、最終目的地に辿り着いた。イエスのみこころのうちに。(73)

シュタインの最後の言葉となった“Unterwegs ad orientem”は、受難と死を通して「光をもたらす方」への道行きを表している。自己が無に帰される極限としての死と対峙し、受難としての死を受け入れることを通して、光そのものである方とあいまみえる瞬間が訪れる。死という過ぎ越しの向こうに、永遠の伴侶であるキリストとの出会いがある。死に対峙し、自分の全存在がキリストのものとなり、キリストの命によって、新しい生の道が披かれる。その道行きをシュタインは“Unterwegs ad orientem”（光へと向かう道行きで）という言葉で表現したのではないだろうか(74)。

このシュタインの最後の境涯は、一九三〇から一九四〇年代にかけての大戦の前後を生きた思想家たちに共有されたナチズムと世界へのペシミズムと不安、不条理を考察する姿勢とは対照的に、神への信仰にもとづくオプティミズムと希望に支えられている。

フッサールが最晩年、ナチズムの嵐が吹き荒れる、『ヨーロッパ諸学の危機と超越論的現象学(75)』で投げかけた「学問一般が、人間の生存にとってなにを意味してきたか、また何を意味することができるか(76)」という問いは、シュタインをはじめ、同時代に活躍した哲学者たち――ハイデガーやレヴィナスらにも少なからぬ問題意識を喚起した。シュタインはこの点について次のように述べている。「学問は生の苦境に対して無力であった。古代にまで遡る、哲学の近代的理念、つまりすべての存在者を一つの理性大系のうちで把握し、すべての生を理性によって形成するという哲学の理念は挫折した」(77)。死に向き合うことによって、一切の理性的意志的営為の極限に到来するものとして、聖書のテキストが自証しているように、われわれが待ち望む曙光のように、"Oriens"との出会いがもたらされる。光である"Oriens"は今・ここに現存する。死は、単なる「未知なるもの」(レヴィナス)、「固有の可能性」(ハイデガー)ではなく、過去と未来が現在のうちに一つとなる、唯一回的な「時」でもある。さらにシュタインにとって、彼女自身の死がキリストに結ばれることによって、その単独の、各自的な死は、「われわれの死」となり、そこにユダヤの同胞とともに死へとおもむこうとする共同体的な場が披かれる。

シュタインにとってアウシュヴィッツへの道は、キリストとの出会い、新しい甦り、復活への道行きであった。「そこでなにが起こったか、語る言葉はもはやない(78)」――アウシュヴィッツの暗黒の死の淵にあって、新しい、祝福された光そのものである、あの方のもとへ歩み行くその最後の結晶のような想いをシュタインは絶筆となった"Unterwegs ad orientem"に託していたと思われる。その意味で、シュタインはまさしく現代の「殉教者」であり、「キリストの死と復活」を生きた証人であるということができるのではないだろうか。

エディット・シュタインの記憶・姿は形に残らず、見えないもの——存在の彼方へとわれわれを導く。その存在の彼方で、生者と死者、自己と他者、男性と女性が出会い、結ばれる。この世の悲惨な状況において、自己を超えた世界が顕われ、有限なる存在から永遠なる存在への道程を歩むことができるということをエディット・シュタインはアウシュヴィッツでの死において身をもって示したのである。現代に生きるわれわれは、アウシュヴィッツとはまた様相の異なる苦難、災禍、悲嘆にさらされ、人と人、神と人との新たな絆を探し求めている。自・他を超える新しい関わりを開く扉は、われわれを創造された方、永遠なる存在からもたらされる。そこにこそ、われわれの生の意味連関を見いだすのである。アウシュヴィッツのガス室で五十年の短い生涯を終えたエディット・シュタインは、彼女自身の最後の言葉となった「キリストのもとへ」(Unterwegs ad orientem) の道程において、真の意味でその生を全うしたのである。

私の計画にはなかったことが神の計画のうちにはあった。いろいろな出来事と経験を重ねるにつれて、私は次のようなことを確信するようになった。

神の眼で観るならば、偶然という出来事はなく、私のすべての生涯は細部に至るまで神の計画の摂理のうちに準備されている。そしてすべてを見給う神のまなざしのもとでは、あらゆることは、人知を超える結びつきにおいて意味連関をなしている。この神の意味連関が、私においても顕れ、栄光の輝きとなることを待ち望んでいる。(79)

略年譜（ゴシック体はエディット・シュタインの生涯を示す）

一八九一　一〇・一二　ドイツ、シュレージエン地方のブレスラウに、ジークフリート・シュタインとアウグステ・シュタインの第七子として生まれる。

一八九二　父と死別

一八九七　ブレスラウのビクトリア学校入学

一九〇八　ビクトリア学校の女子高等部に在学（―一九一一）

一九一一　卒業試験《アビトゥア》合格

一九一一　ブレスラウ大学にて心理学、ドイツ語学、歴史を学ぶ（―一九一三）

一九一三　ゲッチンゲン大学にて哲学、心理学、歴史学、ドイツ語学を学ぶ。哲学者フッサールのもとで哲学研究の道に入る（―一九一五）

一九一四　七・二八　第一次世界大戦勃発

一九一五　教職のための国家試験を受ける。メーリッシュ・ヴァイスキルヘンの伝染病院にて、ドイツ赤十字の奉仕活動に参加する

一九一六　ブレスラウで短期間教職につく

フライブルク大学より博士論文『感情移入の問題』をもって最優秀（スンマ・クム・ラウデ）の成績で哲学博士号を授与される

一九一六　フライブルク大学においてフッサールの助手を務める（―一九一八）
一九一八　革命政府成立
　　　　　第一次世界大戦休戦
一九一八　フッサールの助手を辞し、フライブルク大学を離れる
一九一九　大学教授資格取得のための論文を作成（―一九二三）
一九二一　アビラの聖テレジアの自叙伝を読み、カトリックの洗礼を受ける準備をする
一九二二　一・一　ベルクツァベルンの聖マルティン教会でカトリックの洗礼を受ける
　　　　　二・二　シュパイアーの司教館の聖堂にて堅信を受ける
一九二三　シュパイアーの聖マグダレナ女子高等学校において教職につく（―一九三一）
一九一七　J・H・ニューマン、トマスの著作の翻訳に従事（一九二八）
一九二三　ヨーロッパ各地（パリ、プラハ、ウィーン、ザルツブルク、バーゼル、ドイツ各地）にて講演、論文執筆（―一九三一）
一九三二　ミュンスターの教育学研究所講師に就任（―一九三三）
一九三三　一・三〇　ナチ党首ヒトラー、首相に就任
　　　　　七・二〇　ナチ政府、ヴァチカンとの政教条約締結
　　　　　ドイツ全土でユダヤ人ボイコット運動が広がる
　　　　　ナチによって教育活動を禁止される
　　　　　一〇・一四　カルメル修道会に入会。ケルン・リンデンタールの修道院にて修道女としての養成期間、志願期に入る

一九三四　四・一五　着衣式。十字架に祝せられたテレジアの修道名を受け、修練期に入る
　　　　　八・二　ヒトラー、総統に就任
一九三五　四・二一　カルメル修道会にて初誓願（三年間の有期誓願）宣立
　　　　　九・一五　反ユダヤ的人種法、ニュルンベルク法成立
一九三四　『有限なる存在と永遠なる存在』、『十字架の学問』他、執筆（―一九四二）
一九三七　三・一四　ローマ教皇回勅『燃える如き憂慮をもって』宣布
一九三八　三・一二　ヒトラー、オーストリア併合
　　　　　四・二一　カルメル修道会にて荘厳誓願宣立
　　　　　一一・九　ユダヤ人に対するテロ事件「水晶の夜」がドイツ全土に波及
　　　　　一二・三一　オランダ、エヒトのカルメル会修道院に移る
一九三九　九・三　第二次世界大戦勃発
一九四〇　五・二〇　アウシュヴィッツ強制収容所開設
一九四一　一〇・二四　旧ドイツ領からのユダヤ人移送令
一九四二　一・二〇　ヴァンゼー会議、ユダヤ人移送と殺数に関する最終的解決を確認
　　　　　六・二　ドイツ系ユダヤ人の強制輸送開始
　　　　　七・二六　オラングの司教団、ナチスのユダヤ人強制移送に対するプロテストを表す教書を宣布
　　　　　八・二　ゲシュタポによって逮捕され、オランダ、ヴェスターボルクの収容所に連行される
　　　　　八・七　アウシュヴィッツへ輸送される
　　　　　八・九　アウシュヴィッツ、ビルケナウ収容所のガス室において殺戮される

一九六二　ケルンのフリンクス枢機卿によって列福のための調査が始められる
一九七二　五・一　ケルンにおいて教皇ヨハネ・パウロ二世によって福者に列せられる
一九九八　一〇・一一　ローマにおいて教皇ヨハネ・パウロ二世によってカトリック教会の聖人に列せられる
（列聖）
二〇一四　『エディット・シュタイン全集』二七巻が完結

あとがき

エディット・シュタインは二十世紀ヨーロッパが放つ、稀有な人物である。

シュタインは現象学を創始したフッサールの助手をつとめ、ドイツ哲学界に頭角をあらわし、優れた哲学的著作を発表した。カトリックの洗礼を受けた後、哲学研究からいったん退き、カトリックの高校で教員生活を送っていたが、ナチスのユダヤ人迫害が始まり、カルメル会修道院に入り、神と同胞のために身を捧げ、五十一年の生涯をアウシュヴィッツのガス室で終えた。

シュタインの死後しばらくの間、彼女の行方さえ知られていなかった。一九五〇年代に入ると生前の原稿や戦火にさらされた修道院に残されていた遺稿が収集され、ドイツ、ヘルダー社から著作集の刊行がはじまった。ヨーロッパが戦争とホロコーストの惨禍からようやく立ち上がろうとしていた時期に、このカルメル会修道女として亡くなった女性哲学者の高い学識と深い思索に裏づけられた著作は、不思議なほどの感動をもって迎えられた。時代に翻弄され、ホロコーストの犠牲となった一人の女性の生涯と思想が、自らの生に希望を失いかけていた人々の心に、静かに灯る光となったのである。

著者がエディット・シュタインのことを知るようになったのは、今から三十年も前、一九八三年にフライブルク大学でドイツ語を勉強していた時のことである。神学を勉強していた学生が、ゼミでシュタインを取り上げているから読んでみたらと勧めてくれた。すぐに書店に行き、シュタインの生涯が紹介されている本を手にとった。哲学を学び、大学時代にカトリックの洗礼を受け、自分の生きる基盤を探し求めて彷徨っていた著者にとって、シュタインの生き方は道標のように思われた。いつか自分の好きな研究ができる時がきたらシュタインのことを研究しよう、と考えていた。その後帰国し、地方の女子大で教鞭を取るようになり、かねてより望んでいたシュタイン研究に着手した。

著者がシュタインの研究を始めた一九八〇年代、ドイツにおいてもシュタイン研究は始まったばかりの時期であった。幸いなことにその頃、生前のシュタインと交わりのあった人々が存命しておられた。そこで著者はシュタインと親交のあった人々を訪ね、インタビューすることから始めた。フッサールのもとで学び、シュタインの親友でフッサールの門下生であったイェーガーシュミット博士は、フライブルクの聖リオバ修道院で車椅子に座って私を迎えてくださった。ほかにもケルンのカルメル会でシュタインと修練期をともにしたマーガレーテ修道女、そしてシュタインと共にエヒトの修道院で生活した四人の修道女、エヒトでミサや文献の調達でカルメル会に出入りしていたイエズス会のノタ神父らからシュタインについての印象や逸話を聞かせていただけたことは貴重であった。こうした人々は今は皆、故人になられたが、それぞれの思い出からシュタインの優しさと温かさ、そして深い信仰について語ってくださり、著者とシュタインの距離が近くなったように思う。

さらにそのころ、ケルンのカルメル会の修道院長で、エディット・シュタイン資料室長でもいらしたマリア・アマータ・ナイヤー修道女は、弟であるフランツ・アントン・ナイヤー師が上智大学ドイツ語学科教授でいらしたこともあり、上智大学の卒業生である日本人がエディット・シュタインについて研究しようとしていることを喜び、多くの支援をくださった。著者は夏休みになると毎年ドイツへ出かけ、ケルンのカルメル会の客室に宿泊し、十日間ほどエディット・シュタイン資料室に籠もり、朝から晩までシュタインの本と資料を読みあさり、わからないことをナイヤー修道女に尋ねていた。ナイヤー修道女は客室と修道院の禁域との間を出入りする鍵を渡してくれ、その鍵で聖堂の二階の歌隊席を通って二四時間修道院に出入りすることができた。資料室だけでなく、修道院の図書室やコピーの取れる部屋も自由に使ってもよいという許可をくださった。時折修道女に出くわし、驚くような顔をされたこともあった。その当時、エディット・シュタイン資料室は修道院の禁域内の中庭を囲んだ回廊に面した北向きの部屋にあった。窓の外にはうっそうとした針葉樹の木々がそびえ立ち、いつも暗く、寒々とした部屋であった。戦火と迫害の嵐になかで、修道院の暗く、静まりかえった部屋で休みなく執筆を続け、祈りに沈潜していたシュタインに思いをはせた。

その資料室に保管されているシュタインの自筆原稿を手にとり、ページをめくり、写真やメモに取ることもゆるされた。そのなかには未公刊の霊的なエッセイや手紙もあった。シュタインの原稿は万年筆で書かれ、その筆跡は端整で緻密な人柄を表していた。原稿の随所に訂正や修正、推敲の跡が見られ、彼女が心血を注いで原稿を仕上げたことを物語っていた。さらに、手紙や霊的詩には十字架、ローソク、炎などの挿絵も添えられていて、彼女の情感豊かで優しい面も垣間みることができた。シュタインがアウシュヴィッツに輸送される前日に収容所から書いた手紙も見る機会を得た。その手紙はちぎられた紙に、彼女にしては少し乱れた大きい字で書かれていた。最後の日々、収容所にいながらも「心から晴れ晴れと祈ることができました」と書かれている手紙は、彼女が到達した最後の霊的境涯を表していた。

またケルンのカルメル会には彼女が入会の時に持ってきた本、使っていた書物が置かれていた。これらの本の束は誰も目をとめなかったらしく、はしごを使って届く、資料室の上の一番上の棚に放り込まれていた。そこには彼女が使っていた聖書やアビラのテレサの本もあり、それらの本にはシュタインの自筆で名前が記されていた。本書の最終章に入れた、シュタインがアウシュヴィッツに輸送される途中の貨車のなかから託したメモの言葉についての論文は、資料室に残されていた彼女が使用していた聖書とめぐりあったことが執筆の手がかりになった。

著者はケルンのカルメル会のご厚意によって、断続的に長い期間、修道院に滞在し、禁域で研究をすることがゆるされた。そこで得られた研究成果もさることながら、修道院の清貧な静けさと、限りなく深まりゆく精神にふれ、エディット・シュタインがそこで過ごした日々に思いをはせることができ、幸いであった。現在はシュタインの原稿はすべて電子化され、二年ほど前にケルン教区の支援により、新しいエディット・シュタイン資料室が修道院に隣接する建物に開設された。

シュタインの思想は、その生涯の最期がそうであったように、未完の、途上にあるものである。シュタインの「道程」は今も、ここにあり、それにふれる者に燦然と孤高の輝きを放つ。著者がシュタインの生涯とその思想を透明な精神でもって、どれほど表すことができたか大変に心もとないが、シュタインの生き方とその思想は真理への比類なき情熱に貫かれた第一級のものであることは疑いえない。今後日本においてもシュタインについての関心が高まるならば、研究者として最高の喜びである。

本書をまとめるにあたり長い月日を要したが、その間つねに著者の念頭にあったのは、大学で教えている女子大生のことであった。これまで授業のなかでもシュタインを取り上げてきたが、多感な青春期にあって、女性が勉学、職業、結婚などの問題に自律した人格をもって取り組むときに、シュタインが示唆するものは大きいことを知らされた。真摯な姿勢で諸問題と向き合う純真な学生たちから多くの刺激と洞察を得られたことを感謝したい。また研究・教育活動の場であるノートルダム清心女子大学から恵まれた環境を与えられ、さらには本書のために出版助成を交付されたことに、改めて心より感謝の意を表したい。

ドイツで長年エディット・シュタイン研究に携わり、公私ともに親しい交流のある、ミュンスター大学教義学教授のアンドレアス・ミュラー氏、オランダ、ティルブルク大学倫理学教授のマリエーレ・ヴルフ氏、エディット・シュタイン協会のベアーテ・ベックマン博士、フライブルク大学の大マーガレーテ・ツィンク博士から多くの助言と励ましをいただいた。本書は彼らとの友情と対話のこだまするものであることを記し、深謝したい。

知泉書館の小山光夫氏から多大なご支援とご配慮をいただいたことに厚くお礼申し上げる。

最後に、私がシュタイン研究に着手した時期からいつも深い理解と惜しみない協力を差し向けてくれ、長年、人生を共に分かち合ってきた私の伴侶に本書を捧げる。

二〇一四年五月　『シュタイン全集』二七巻の完結した年に

著　者

初出一覧

本書は以下の諸論文に加筆、修正を加え、再構成したものである。初出一覧以外の章の論文は、書き下ろし、または拙書『エディット・シュタイン―愛と真理の炎』（新世社、一九九七年）からの大幅改正したものである。

第一章 Edith Stein – Tochter Israels und Tochter des Karmels, in: Christliche Innerlichkeit, 33 3/4, Landesverlag, Wien 1998.

第四章 「キリスト教的女性教育論――エディット・シュタインを中心に」（『教会と学校での宗教教育再考』森一弘、田畑邦治、M・マタタ編、オリエンス研究所、二〇〇九年）

第五章 「エディット・シュタインの女性論――新たなる関わりへの視座」（『女と男のドラマ――現代における愛の源泉』宮本久雄、武田なほみ編著、二〇一二年上智大学神学部夏期神学講習会講演集、日本キリスト教団出版局、二〇一三年）

第六章 「エディット・シュタインにおけるペルソナ論の射程」（『人間学紀要』三八、上智大学

人間学会、二〇〇九年）

第七章　「エディット・シュタインとトマス・アクィナス――現象学とスコラ学を結ぶ永遠哲学への道行き」（『人間学紀要』四三、上智人間学会、二〇一三年）

第八章　「ナチス迫害下での人権問題――エディット・シュタインにおける国家と宗教の関わり」（『キリスト教と人権思想』、サンパウロ、二〇〇八年）

第九章　Teresa von Avila – ein Meilenstein auf dem Weg zur Spiritualität Edith Steins, in: Edith Stein Jahrbuch 5, Würzburg 1999.

第十章　「エディット・シュタインの神秘思想――十字架のヨハネ解釈をめぐって」（『中世思想研究』XLII、中世哲学会、二〇〇〇年）

第十一章　"Unterwegs ad orientem": Das letzte Zeugnis Edith Steins, in: Edith Stein. Themen – Bezüge–Dokumente, Beate Beckmann und Hanna-Barbara Gerl-Falkovitz (Hrsg.), Königshausen & Neumann, Würzburg 2003.

須沢 かおり（すざわ・かおり）

1956年大阪府に生まれる。上智大学文学部哲学科卒業，ロンドン大学，フライブルク大学に研究留学。現在，ノートルダム清心女子大学教授。2012年より教皇庁立グレゴリアン大学客員研究員。

［著書］『エディット・シュタイン――愛と真理の炎』（新世社，1997），『愛のおもむくままに――エディット・シュタインの女性像』（新世社，2002），*Edith Stein: Themen – Bezüge – Dokumente*，（Königshausen & Neumann，2004，共著）『中世と近世のあいだ――14世紀におけるスコラ思想と神秘思想』（知泉書館，2007，共著）ほか。

〔エディット・シュタインの道程〕　ISBN978-4-86285-188-8

2014年5月25日　第1刷印刷
2014年5月30日　第1刷発行

著　者　須沢かおり
発行者　小山光夫
製　版　ジャット

発行所　〒113-0033 東京都文京区本郷1-13-2
電話03(3814)6161 振替00120-6-117170
http://www.chisen.co.jp
株式会社 知泉書館

Printed in Japan　印刷・製本／藤原印刷

人　名　索　引

用 語 索 引

ア 行

カ　行

タ　行

ナ　行

ハ　行

マ　行

ヤ　行

ラ　行

略 号 表

AMP: Aufbau der menschlichen Person. Vorlesung zur philosophischen Anthropologie, neu bearbeitet und eingeleitet von Beate Beckmann-Zöller (ESGA 14), Freiburg im Breisgau 2004.

B: Beiträge zur philosophischen Begründung der Psychologie und der Geisteswissenschaften, in: Jahrbuch für Philosophie und phänomenologische Forschung, hrsg. von Edmund Husserl, Band V, Halle an der Saale 1922, 1-283.

ESGA: Edith Stein Gesamtausgabe, Freiburg im Breisgau 2000-2014.

EES: Endliches und ewiges Sein. Versuch eines Aufstiegs zum Sinn des Seins, eingeführt und bearbeitet von Andreas Uwe Müller (ESGA 11/12), Freiburg im Breisgau 2006.

EPh: Einführung in die Philosophie, bearbeitet von Claudia Mariéle Wulf (ESGA 8), Freiburg im Breisgau 2004.

F: Die Frau. Fragestellungen und Reflexionen, Einleitung von Sophie Binggeli und bearbeitet von Maria Amata Neyer OCD (ESGA 13), Freibug im Breisgau 2000.

GT I: Geistliche Texte I, eingeführt und bearbeitet von Ulrich Dobhan OCD (ESGA 19), Freiburg im Breisgau 2009.

GT II: Geistliche Texte II, bearbeitet von Sophie Binggeli (ESGA 20), Freiburg im Breisgau 2007.

Husserl und Thomas v. Aquino: Husserls Phänomenologie und die Philosophie des hl. Thomas v. Aquino, in: Edmund Husserl zum 70. Geburtstag gewidmet. Ergänzungsband zum Jahrbuch für Philosophie und phänomenologische Forschung, Halle an der Saale 1929, 315-338.

IG: Individuum und Gemeinschaft, in: Beiträge zur philosophischen Begründung der Psychologie und der Geisteswissenschaften, in: Jahrbuch für Philosophie und phänomenologische Forschung, hrsg. von Edmund Husserl, Band V, Halle an der Saale 1922, 116-283.

KW: Kreuzeswissenschaft. Studie über Johannes vom Kreuz, neu bearbeitet

und eingeleitet von Ulrich Dobhan OCD (ESGA 18), Freiburg im Breisgau 2003.

LJF: Aus dem Leben einer jüdischen Familie, in: Aus dem Leben einer jüdischen Familie und weitere autobiographische Beiträge, bearbeitet und eingeleitet von Maria Amata Neyer OCD, (ESGA 1) Freiburg im Breisgau 2002.

PE: Zum Problem der Einfühlung, eingeführt und bearbeitet von Maria Antonia Sondermann OCD (ESGA 5), Freiburg im Breisgau 2008.

PK: Psychische Kausalität, in: Beiträge zur philosophischen Begründung der Psychologie und der Geisteswissenschaften, in: Jahrbuch für Philosophie und phänomenologische Forschung, hrsg. von Edmund Husserl, Band V, Halle an der Saale 1922, 2-116.

SBB I: Selbstbildnis in Briefen. Erster Teil: 1916-1933, eingeleitet von Hanna-Barbara Gerl-Falkovitz, bearbeitet von Maria Amata Neyer OCD (ESGA 2), Freiburg im Breisgau 2000.

SBB II: Selbstbildnis in Briefen. Zweiter Teil: 1933-1942, eingeleitet von HannaBarbara Gerl-Falkovitz, bearbeitet von Maria Amata Neyer OCD (ESGA 3), Freiburg im Breisgau 2000.

SBB III: Selbstbildnis in Briefen. Briefe an Roman Ingarden, eingeleitet von Hanna-Barbara Gerl-Falkovitz (ESGA 4), Freiburg im Breisgau 2001. Hanna-Barbara

US: Eine Untersuchung über den Staat, bearbeitet und eingeleitet von Ilona Riedel-Spangenberger (ESGA 7), Freiburg im Breisgau 2006.

WBPh: Die weltanschauliche Bedeutung der Phänomenologie, in: Edith Stein, Welt und Person. Beitrag zum christlichen Wahrheitsstreben, Freiburg im Breisgau 1962, 1-17. (= Edith Steins Werke, hrsg. von L. Gelber und Romaeus Leuven, Band VI)

注

第１章　ユダヤ人の家庭から

1）“Ich bin preußische Staatsangehörige und Jüdin” (PE, 56).

2）ユダヤ教における「贖罪の日」については，たとえば次の文献を参照。*The Yom Kippur Anthology*, Philadelphia 1992; David Prashker, *The Day of Atonement: A Guide to the History, Liturgy and Nature of the Jewish Festival of Yom Kippur*, Miami 2014.

3）LJF, 45-46.

4）シュタインがフッサールの助手をしていた時に，シュタインの哲学入門クラスを受講し，1921 年にカトリックとなり，フライブルク，ギュンタスタールにある聖リオバのベネディクト修道会に入った。フッサールと関わりを持ち続け，フッサールの晩年の宗教性について，次の記事を発表した。Adelgundis Jaegerschmid, “Gespräch mit Edmund Husserl 1931-1936”, in: *Stimmen der Zeit* 199 (1981), 130-138.

5）燔祭にあたるヘブライ語は「オラー」(olah) であり，丸焼きの供え物，焼き尽くす捧げものを意味した。「ホロコースト」は「すべて」(holos) と「焼く」(kaustos) に由来するギリシア語を語源とし，神聖な神への供え物としての「ホロコースト」が後にナチスのユダヤ人大虐殺を意味する言葉として使われるようになった。高橋哲哉『国家と犠牲』NHK ブックス，2005 年，66 頁参照。

6）SBB I, 97.

7）SBB II, 209.

8）Aus dem Leben einer jüdischen Familie und weitere autobiographische Beiträge, bearbeitet und eingeleitet von Maria Amata Neyer OCD, (ESGA 1), Freiburg im Breisgau 2002.

9）LJF, 2.

10）Ebd., 3

11）Ebd., 3-4.

12）Homily of John Paul II for the Canonization of Edith Stein, http://www.vatican.va/holy_father/john_paul_ii/homilies/1998/documents/hf_

jp-ii_hom_11101998_stein_en.html

13）SBB I, 44.

14）この点について論じた拙稿を参照。Kaori Suzawa, “Edith Stein ー Tochter Israels und Tochter des Karmels”, in: *Christliche Innerlichkeit*, 33, 3/4, Landesverlag, Austria 1998, 76-87.

15）LJF, 23.

16）Ebd.,25.

17）Ebd.,34.

18）Ebd.,35.

第２章　フッサールの弟子

1）LJF, 169-170.

2）Ebd., 169.

3）Ebd., 170-171.

4）エドムント・フッサール『論理学研究 1』立松弘孝訳，みすず書房，1968 年。『論理学研究 2』立松弘孝・松井良和訳，みすず書房，1970 年。『論理学研究 3』立松弘孝・松井良和訳，みすず書房，1974 年。

5）LJF, 172.

6）Ebd., 190.

7）Ebd., 189.

8）Ebd., 182.

9）シェーラーはシュタインがゲッティンゲンに到着する二年前の 1911 年にゲッティンゲンに移り，現象学運動の担い手の一人となった。ゲッティンゲンでフッサールらと共に『哲学および現象学研究年報』の共同編集者となり，第 1，2 巻に「倫理学における形式主義と実質的価値倫理学」を発表した。

10）『シェーラー著作集 2』吉沢伝三郎編集，飯島宗享・小倉志祥訳，白水社，1976 年。

11）LJF., 210-211.

12）『シェーラー著作集 8』吉沢伝三郎編集，飯島宗享・小倉志祥訳，白水社，1977 年。

13）*Zum Problem der Einfühlung*, Anhang: Notizen aus der Göttinger Zeit ESGA 5, Freiburg im Breisgau 2003.

14）Ebd., 48-70.

15） Roman Ingarden, “Über die philosophische Forschung Edith Steins”, in: *Freiburger Zeitschrift für Philosophie und Theologie* 26, 1979, 456-480.

16） Ebd.,457.

17） SBB I, 20.

18） LJF, 340.

19） SBB I, 23.

20） エドムント・フッサール『イデーン II － 1』立松弘孝・別所良美訳，みすず書房，2001 年。『イデーン II － 2』立松弘孝・榊原哲也訳，みすず書房，2009 年。

21） Edmund Husserl, *Die Bernauer Manuskripte über das Zeitbewusstsein (1917-1918)*, Dordrecht 2001.

22） Edith Stein, “Husserls Phänomenologie und die Philosophie des hl. Thomas von Aquino. Versuch einer Gegenüberstellung”, in: *Jahrbuch für phänomenologische Forschung* X, 1929, 316.

23） Ebd.,324.

24） Ebd.,332.

25） エドムント・フッサール『イデーン I － 1，2』渡辺二郎訳，みすず書房，1979，1984 年。

26） SBB III, 72-73.

27） SBB I, 49.

28） Edmund Husserl, Brief 17 an Roman Ingarden, *Phenomenologica* 25, 1968, 22. 当時の状況については次を参照。『フッサール書簡集 1915 － 1938　フッサールからインガルデンへ』桑野耕三・佐藤真理訳，せりか書房，1982 年，177 － 178 頁。

第 3 章　信仰への歩み

1） Vgl. Hedwig Conrad-Martius, “Meine Freundin Edith Stein”, in: *Hochland* 51 (1958/59), 38-46. マルティウスはプロテスタントであったが，シュタインがカトリックの洗礼を受けた時の代母となった。

2） LJF, 173.

3） Rudolf Bernet und Dieter Lohmar (hrsg.), *Die “Bernauer Manuskripte” über das Zeitbewußtsein (1917/18)*, Dordrecht 2001.

4） Edith Stein, *Briefe an Roman Ingarden 1917-1938*, Edith Steins Werke

14, Freiburg 1991, 43.

5) Edith Stein, *Zum Problem der Einfühlung*, ESGA 5, Freiburg 2003.

6) Edith Stein, *Briefe an Roman Ingarden 1917-1938*, Edith Steins Werke 14, Freiburg 1991, 64.

7) Ebd., 64.

8) Ebd., 43.

9) Andreas Uwe Müller und Maria Amata Neyer, *Edith Stein. Das Leben einer ungewöhnlichen Frau,* Düsseldorf 1998, 117.

10) アンナ・ライナッハは1906年にアドルフ・ライナッハとチュービンゲンで知り合い，1912に結婚した。1916年にアドルフと共にプロテスタントの洗礼を受けたが，1923年にカトリックに改宗した。アドルフ・ライナッハと夫人のアンナがシュタインに与えた人格的影響については，次の論文を参照。Beate Backmann-Zöller, “Adolf und Anna Reinach, Edith Steins Mentoren”, in: Dietrich Gottstein und Hans Rainer Sepp (hrsg.), *Polis und Kosmos. Perspektiven einer Philosophie des Politischen und einer philosophischen Kosmologie*, Würzburg 2008.

11) アドルフ・ライナッハの遺稿は，シュタインの学友であったヘードヴィッヒ・コンラート＝マルティウス (Hedwig Conrad-Martius) らの協力によって，1921年に出版された。Vgl. Adolf Reinach, *Gesammelte Schriften*, Halle 1921. 再編集された著作集は次のものを参照。Adolf Reinach, *Sämtliche Werke*, 2 Bände, München 1989

12) この草稿はアドルフ・ライナッハ著作集のなかに収められている。Vgl. Adolf Reinach, *Sämtliche Werke*, 2 Bd., München 1989.

13) Teresia Renata de Spiritu Sancto (Posselt), *Edith Stein*, 9. Aufl., Freiburg 1963, 63.

14) ライナッハが第一次世界大戦に赴いた期間は1915年11月から1916年の11月である。

15) 次の論文を参照。須沢かおり「エディット・シュタインの生涯における一つの試み――大学教授資格（Habilitation）の取得をめぐって」『キリスト教文化研究所年報』ノートルダム清心女子大学，1992年，57－79頁。

16) “Psychische Kausalität”, in: Edith Stein, *Beiträge zur philosophischen Begründung der Psychologie und der Geisteswissenschaften*, ESGA 6, Freiburg i. Br. 2010, 73.

17) シュタインの著作は，初期から晩年のものに至るまで哲学的思考の過程で，一貫して社会活動，霊的生活との関わりで思索を深めている。その意味で彼女の著作には，哲学と霊性，思惟と実践，観想と活動が有機的に結ばれている。しかしながら読者にとっては，彼女自身の経験と純粋に哲学的論考の糸の織り合いを繙くことが難しいテクストも多く見られる。そのこと自体が彼女の著作の魅力でもあり，独自性と言えるだろう。

18) Edith Stein, "Individuum und Gemeinschaft", *Beiträge zur philosophischen Begründung der Psychologie und der Geisteswissenschaften*, ESGA 6, Freiburg im Breisgau 2010, 171.

19) Adolf Reinach, *Sämtliche Werke*, Bd., I, München 1898, 594, 790. エディットとライナッハとの思想的接点と影響については次の文献を参照。Beate Beckmann, *Phänomenologie des religiösen Erlebnisses. Religionsphilosophische Untersuchungen im Anschluss an Adolf Reinach und Edith Stein*, Würzburg 2003.

20) *Confessiones* I,I,1 ; "quia fecisti nos ad te et inquietum est cor nostrum donec requiescat in te".

21) Edith Stein, *Briefe an Roman Ingarden 1917-1938*, Edith Steins Werke 14, Freiburg 1991, 76.

22) SBB I, 31.

23) Adolf Reinach, *Sämtliche Werke,* Bd. I, München 1989, 593, 594, 600, 607, Bd., II, München 1989, 788, 790.

24) Edith Stein, *Briefe an Roman Ingarden 1917-1938*, Edith Steins Werke, 14, Freiburg 1991, 103.

25) この点について，ライナッハとシュタインの宗教的現象学についての博士論文を提出したBeate Beckmannに筆者は直接質問してみたが，「再生」という言葉はライナッハの著作には見当たらず，ライナッハは「本来の私」(das eigentliche Ich)の「本質関係」(Wesensbeziehung)にふれているが，「再生」には言及していない。シュタインが「再生」という言葉は，ベックマンによれば，聖書的な意味での「再生」（ヨハネ3.3-5，10.10）を指しているものと考えられる。

26) Adolf Reinach, *Sämtliche Werke,* Bd. I, München 1989, 389-393.

27) シュタインはキリスト教に入信し，自分のユダヤ性を再認識し，

イエスと同じ血縁の民に属していることに特別な意味を感じたと述べている。

28） LJF, 331.

29） “Es ist im Grunde nur eine kleine, einfache Wahrheit, die ich zu sagen habe: wie man es anfangen kann, an der Hand des Herrn zu leben.” Vgl. SBB, I, 165.

30） Teresia Renata de Spiritu Sancto (Posselt), *Edith Stein. Eine große Frau unseres Jahrhunderts,* Nürnberg 1948, 70-71.

31） Edith Stein, *Wie ich in den Kölner Karmel kam*, Würzburg 1993, 20.

32） Ebd., 20. “Seit mir im Sommer 1921 das *Leben* unserer hl. Mutter Teresia in die Hände gefallen war…”

33） この言葉はシュタインがカトリックの洗礼を受けたときに代母をつとめた哲学者のコンラート＝マルティウスによって伝えられている。Vgl. Waltraut Herbstrith (hrsg.), *Edith Stein. Ein neues Lebensbild in Zeugnissen und Selbstzeugnissen*, Freiburg 1983, 89.

34） Teresia Renata de Spiritu Sancto, *Edith Stein.* Nürnberg 1948, 46.

35） Ebd., 63.

36） シュタインとアビラのテレサの出会いとその影響については，次の論文を参照。Ulrich Dobhan, “Vom radikalen Unglauben zum wahren Glauben”, in: *Edith Stein Jahrbuch* 15, Würzburg 2009. Kaori Suzawa, “Teresa von Avila – ein Meilenstein auf dem Weg zur Spiritualität Edith Steins”, in: *Edith Stein Jahrbuch* 5, Würzburg 1999, 137-150.

37） Teresia Renata de Spiritu Sancto (Posselt), *Edith Stein. Eine große Frau unseres Jahrhunderts,* Nürnberg 1948, 63.

38） Ebd., 68.

39） SBB I, 85.

40） Teresia Renata de Spiritu Sancto (Posselt), *Edith Stein. Eine große Frau unseres Jahrhunderts,* Nürnberg 1948, 65; ebd.,68.

41） Edith Stein, *Wie ich in den Kölner Karmel kam*, Würzburg 1993, 20.

42） Ebd.

43） Ebd.

第４章　教育者として生きる

1） Maria Adele Hermann OP, *Edith Stein: Ihre Jahre in Speyer*, Speyer

2012.

2） Teresia Renata de Spiritu Sancto (Posselt), *Edith Stein. Eine große Frau unseres Jahrhunderts,* Nürnberg 1948, 61.

3） Ebd., 62

4） SBB, I, 86.

5） シュタインの教育論については次を参照。Reifenrath Bruno, *Erziehung im Lichte des Ewigen - die Pädagogik Edith Steins*, Frankfurt/M. 1985. Schweighöfer Rudolf, “Erziehung im Sinne Edith Steins”, *Edith-Stein-Gesellschaft,* Speyer 1996, 22-34.

6） シュタインのシュパイアーでの生活については次を参照。Maria Adele Hermann OP, *Edith Stein: Ihre Jahre in Speyer*, Speyer 2012.

7） F, 31.

8） シュタインの人格についての理解は，次のものを参照。拙稿「エディット・シュタインにおけるペルソナ論の射程」『人間学紀要』38，上智大学人間学会，2008年，37-54頁。

9） F, 33.

10） F, 88.

11） F, 185.

12） F, 32.

13） F, 96.

14） *Potenz und Akt. Studien zu einer Philosophie des Seins*, ESGA 10, Freiburg im Breisgau 2004, 126.

15） F, 32.

16） Ebd., 38.

17） Ebd., 186.

18） Ebd., 32.

19） Ebd., 33.

第5章　女性として生きる

1） Edmund Husserl, “Empfehlung für eine Habilitation Edith Steins”, in: *Edith Stein, Ein neues Lebensbild in Zeugnissen und Selbstzeugnissen*, Freiburg 1983, 77.

2） SBB, I, 165.

3） “Vir est principium mulieris e finis”, S. th. I q 92 a 1.

4） F, 159.
5） Ebd., 19.
6） Ebd., 25.
7） Ebd., 83.
8） Ebd., 34.
9） 通常 *ezer kenegdo* と表記されることが多いが，シュタインの時代には *eser kenegdo* と表記されたヘブライ語聖書もあり，彼女もこの表記を使用しているため，本稿ではこの表記に従う。
10） Ebd., 57.
11） Ebd., 58.
12） Ebd., 59.
13） Ebd., 58.
14） Ebd., 22.
15） Ebd., 77-78.
16） Ebd., 34.

第6章　ペルソナ論

1） アドルノは「アウシュヴィッツ以後，詩を書くことは野蛮だ」と述べている。Vgl. Theodor Ludwig W. Adorno, *Prismen: Kulturkritik und Gesellschaft*, Frankfurt a. M 1975, 31.
2） シュタインのペルソナ論についての論文は次のものを参照。Peter Schulz, *Edith Steins Theorie der Person,* Freiburg 1994; Marcus Knaup, “Das Verständnis der Person bei Edith Stein. Philosophische Anthropologie im Horizont von Phänomenologie und klassischer Metaphysik”, in: Markus Enders (hrsg.), *Jahrbuch für Religionsphilosophie*, 6 Frankfurt/M. 2007, 137-152.
3） *Zum Problem der Einfühlung*, 1917; *Einführung in die Philosophie*,1918; *Psychische Kausalität*, 1922; *Individuum und Gemeinschaft*, 1922, 16-283; Was ist Phänomenologie?, 1924.
4） この時期の代表的な著作は次の通りである。“Husserls Phänomenologie und die Philosophie des hl. Thomas von Aquino, Versuch einer Gegenüberstellung”, 1929; *Akt und Potenz. Studien zu einer Philosophie des Seins*, 1931; *Des hl. Thomas von Aquino Untersuchungen über die Wahrheit* (*Quaestiones disputatae de veritate*) I-II, 1931,1932.

Endliches und Ewiges Sein. Versuch eines Aufstiegs zum Sinn des Seins, 1936.

5） *Wege der Gotteserkenntnis. Dionysius der Areopagit und seine symbolische Theologie*, 1941; *Kreuzeswissenschaft. Studie über Joannes a Cruce*, 1942.

6） シュタインの自叙伝を参照。*Aus dem Leben einer jüdischen Familie*, ESGA 1, Freiburg im Bresgau 2002. この書物はシュタインの生い立ち，成長過程，人間関係を知るための貴重な資料である。執筆が開始されたのは，彼女がケルンのカルメル会に入る直前の1933年で，その後1939年まで断続的に書き進められた。エディット・シュタインの生涯に関する邦語文献は次のものを参照。須沢かおり『エディット・シュタイン――愛と真理の炎』新世社，第二版，1998年。コンラッド・ド・メーステル『エディット・シュタイン――小伝と手記』女子パウロ会，1999年。マリア・アマータ・ナイヤー『エーディット・シュタイン――記録と写真に見える生涯』マリア・マグダレーナ中松訳，エンデルレ書店，1992年。

7） EES, 549-550.

8） KW, 5.

9） *Endliches und ewiges Sein. Versuch eines Auftiegs zum Sinn der Seins*, ESGA 11/12, Freiburg im Breisgau, 2006.

10） “Persona est rationalis naturae individua substantia” (Boethius, *Contra Eutychen et Nestorium,* V 1-3).

11） EES, 304.

12） EES, 307.

13） ESS, 319.

14） LJF, 182

15） Edmund Husserl, *Ideen zu einer Phänomenologie und phänomenologischen Philosophie,* Halle 1913, 160.

16） EES, 51.

17） EES, 51.

18） EPh, 21.

19） EES, 51.

20） EES, 50.

21） エディット・シュタイン『現象学からスコラ学へ』中山善樹訳，

九州大学出版会，1986 年，41 頁。
22） ESS, 115.
23） ESS, 116.
24） ESS, 154.
25） ESS, 155.
26） Vlg. Wilhelm Schmidt-Biggemann, *Philosophia Perennis*: *Historical Outlines of Western Spirituality in Ancient, Medieval and Early Modern Thought*, Dordrecht 2004.
27） ESS, 16.
28） この点については拙稿を参照。Kaori Suzawa, "Teresa von Avila. Ein Meilenstein auf dem Weg zur Spiritualität Edith Steins", in, *Edith Stein Jahrbuch* 5, Würzburg 1999, 137-150.
29） 『霊魂の城』鈴木宣明監修，高橋テレサ訳，聖母文庫，1992 年，第 1 章 1。
30） 前掲書，第 1 章 2。
31） 前掲書，第 1 章 3。
32） ESS, 318.
33） 『完徳の道』カルメル会訳，岩波文庫，1952 年，28 章 9。
34） *Potenz und Akt. Studien zu einer Philosophie des Seins,* ESGA 10, Freiburg im Breisgau 2005, 126.
35） EPh, 225.
36） ESS 317
37） "Die Seelenburg", in: *Welt und Person*. Edith Steins Werke VI, Freiburg 1962, 67-68.
38） KW, 137.
39） Ebd.,143.
40） ESS, 410.
41） ESS, 420.
42） ESS, 308-309
43） AMP, 96.
44） ESS, 373.

第 7 章　トマスの思想との邂逅

1） EES, 3.

2） SBB I, 86.

3） SBB I, 73.

4） EES, 19.

5） Martin Grabmann, “Geleitwort”, Thomas von Aquin, *Über die Wahrheit II (De veritate, XVIII=XXIX)*, ESGA 24, Freiburg im Breisgau 2008, 926.

6） Erich Przywara, “Edith Stein. Zu ihrem zehnten Todestag”, in: *In und Gegen*, Nürnberg 1955, 63.

7） Erich Przywara, “Edith Stein. Zu ihrem zehnten Todestag”, in: *Die Besinnung* 7, Nürnberg 1952, 239.

8） “...was doch meine eigentliche Aufgabe zu sein scheint ...”

9） SBB I, 148.

10） Hugo Ott, “Edith Stein (1891-1942) in Freiburg”, in: *Freiburger Diözesan-Archiv*, 107, 266.

11） Edith Stein, “Was ist Philosophie? Ein Gespräch zwischen Edmund Husserl und Thomas von Aquino”, in: *Erkenntnis und Glaube*, Edith Steins Werke XV, Freiburg 1993, 19-48.

12） “Edith Stein, Husserls Phänomenologie und die Philosophie des hl. Thomas von Aquino. Versuch einer Gegenüberstellung”, in: Festschrift Edmund Husserl zum 70. Geburtstag gewidmet, *Jahrbuch für Phänomenologie und phänomenologische Forschung* X, 1929.

13） EES, 30.

14） Ebd., 33.

15） Vgl. Andreas Uwe Müller, “Einführung zu *Endliches und ewiges Sein*”, EES XIV; Francesco Tommasi, “...verschiedene Sprachen redeten... – Ein Dialog zwischen Phänomenologie und mittelalterlicher Scholastik”, in: Beate Beckmann und Hanna-Barbara Gerl-Falkovitz (hrsg.), *Edith Stein. Themen – Bezüge – Dokumente*, Würzburg 2003, 107-134; Angela Ales Bello, *The Divine in Husserl and Other Explorations, Analecta Husserliana,* XCVIII, Dordrecht 2009.

16） Edith Stein, Husserls Phänomenologie und die Philosophie des hl. Thomas von Aquino. Versuch einer Gegenüberstellung, in: Festschrift Edmund Husserl zum 70. Geburtstag gewidmet, *Jahrbuch für Phänomenologie und phänomenologische Forschung,* X, 1929, 322.

17） EES, 13.

第８章　ナチス迫害下での社会思想の展開

1）　Vgl. US.

2）　Edith Stein, *Wie ich in den Kölner Karmel kam*, Würzburg 1994.

3）　Vgl. Andreas Uwe Müller und Maria Amata Neyer, *Edith Stein. Das Leben einer ungewöhnlichen Frau*, Düsseldorf 1998, 57.

4）　LJF, 144-146.

5）　Vgl. Joyce Avrech Berkman, “The German-Jewish Symbiosis in Flux: Edith Stein's Complex National/Ethnic Identity”, in: Joyce Avrech Berkman (ed.), *Contemplating Edith Stein*, Indiana 2006, 170-198.

6）　Ebd., 243.

7）　現在は『エディット・シュタイン全集』第７巻に収められている。シュタインの『国家研究』は 1920 年～ 1924 年にかけて執筆され，1925 年に『哲学および現象学哲学年報』に掲載された。Vgl. Edith Stein, “Eine Untersuchung über den Staat”, *Jahrbuch für Philosophie und phänomenologische Forschung* 7, 1925, 1-123.

8）　シュタインはフッサールを中心とするゲッティンゲンの現象学運動に加わり，特にミュンヘン学派（Münchener Kreis）の影響を受けた。実在論（マックス・シェーラー，ローマン・インガルデンら），現象学的存在論（アドルフ・ライナッハら），存在論的現象学（ヘードヴィッヒ・コンラート＝マルティウスら）に関心を向けるようになり，次第にフッサールと一線を画するようになった。

9）　Vgl. Angelika von Renteln, “Momente der Krisenjahre Edith Steins”, in: *Edith Stein Jahrbuch* 7, Würzburg 2001, 343-54.

10）　US, 5.

11）　Ebd., 5-9.

12）　Ebd., 6.

13）　人格の概念を構築するにあたってシュタインは助手時代に草稿をまとめた，フッサールの特に『イデーン I, II』に見られる「共同精神」（Gemeingeist）の概念を踏まえていると思われる。シュタインはフッサールから多くの点を踏襲しているが，国家，共同体ということに関して主な相違点は，フッサールの超越論的に純化された意識の領域，「純粋自我」からは独自の個と他者との関わり，さらには超越的な存在との関わりが指し示されてこないことである。

14）　“Man pflegt den Staat gern als Person zu bezeichnen, und das scheint

darauf hinzuweisen, daß wir seinen Ort im Reiche des Geistes zu suchen haben…" ; vgl. US, 6.

15) EPh, 155-156, 162-165.

16) Ebd.,158-161.

17) 後になって，シュタインはアビラのテレサの「霊魂の城」，また十字架のヨハネ「霊的婚姻」についての説明のなかで「人格的な核」という言葉を用いている。またシュタインはカトリックの洗礼を受けた後，代母のマルティウスに回心のいきさつを尋ねられたとき，「私の秘密は私のもの」(Secretum meum mihi) と言ったことが知られている。回心は魂の深みでの経験であり，この「魂の深み」について彼女は次のような説明も加えている。「魂は永遠の神によって刻まれて (geprägt) おり，神の永遠の生命を分かち合うよう，呼ばれている。」したがって，シュタインが「人格の核」と呼ぶものは，この魂の深みを指し，人間と神の相互的な交わりが営まれるところである。Vgl. EPh, 153-161.

18) US, 52-61.

19) Ebd., 127-132.

20) 共同体と人格との関わりについて，シュタインはマックス・シェーラーの影響を受けている。シェーラーは共同体の最高の形態を「全的人格」(Gesamtperson) と定義し，自由な応答をする我と汝の関わりに共同体の理想を見ている。シェーラーとシュタインの共同体についての理解については次の論文を参照。Vgl. Claudia Mariéle Wulf, "Freiheit und Verantwortung in Gemeinschaft – eine brisante Auseinandersetzung zwischen Edith Stein und Max Scheler", in: Beate Beckmann-Zöller und Hanna-Barbara Gerl-Falkovitz (hrsg.), *Die unbekannte Edith Stein: Phänomenologie und Sozialphilosophie*, Frankfurt am Main 2006, 45-67.

21) EES 1, 3, 28.

22) SBB, I, 271.

23) Edith Stein, *Wie ich in den Kölner Karmel kam*, Würzburg 1994, 12.

24) ヴァティカンの機密文書の公開とシュタインの書簡に関して詳しくは次の記事を参照。Werner Kaltefleiter, "Der Vatikan öffnet sein Geheimarchiv", in: *Freiburger Rundbrief*, Neue Folge 10 (2003), 162-169; Hanna-Barbara Gerl-Falkovitz, "Edith Stein: Die Kirche muß ihr Schweigen brechen", in: *Freiburger Rundbrief,* Neue Folge 10 (2003),

173-175.

25） Archivio Segreto Vaticano, AES (Affari Ecclesiastici Straordinari), Germania 1933-34, Pos. 643, fasc. 158, f. 15. シュタインの教皇への手紙については次の記事を参照。Maria Amata Neyer, “Der Brief Edith Steins an Pius XI”, in: *Edith Stein Jahrbuch* 10, Würzburg 2004, 11-30; *Hitler and the Vatican: Inside the Secret Archives that Reveal the New Story of the Nazis and the Church*, New York 2004, 34-35, 50.

26） この書簡には日付が記入されていない。しかしながらシュタインは 1933 年の聖週間ボイロンで黙想をしていたことから，黙想中の 4 月 9 日から 13 日の間に記されたと推測できる。Vgl. SBB I, 274.

27） Archivio Segreto Vaticano, AES, Germania 1933-34, Pos. 643, fasc. 158, f. 16, 17.

28） 1920 年来ドイツ第三帝国のヴァティカン大使を務め，1929 年に枢機卿，1930 年にヴァティカン国務省長官，1939 年に教皇ピオ 12 世に選出された。

29） ボイロンのベネディクト会修道院の記録によるとヴァルツアー大修道院長は 1934 年 4 月日～ 28 日にローマに出かけた。ナイヤーによれば，越境の際の厳しい手荷物検査等のため修道院長自身がシュタインの書簡をローマに持参したのではなく，巡礼にでかけた知人に託してローマに運ばれ，その後修道院長によってヴァティカンの国務省長官の枢機卿に手渡されたと見られる。実際にシュタインの書簡が教皇に届けられたかどうかについては定かではない。Vgl. Maria Amata Neyer, “Der Brief Edith Steins an Pius XI.”, in: *Edith Stein Jahrbuch* 10, Würzburg 2004, 25.

30） Archivio Segreto Vaticano, AES, Germania 1933-34, Pos. 643, fasc. 158, f. 18.

31） Edith Stein, *Wie ich in den Kölner Karmel kam*, Würzburg 1994, 14.

32） “Brief Edith Steins an Pius XI. aufgetaucht”, in: *Die Welt* (15.2.2003), 27-28; “Edith Stein, Der Brief an Papst Pius XI”, in: *Stimmen der Zeit* 128 (2003) 147-150.

33） http: //www.vatican.va/holy_father/pius_xi/encyclicals/documents/hf_p-xi_enc_14031937_mit-brennender-sorge_en.html

34） Vgl. Georges Passelecq und Bernard Suchecky, *Die unterschlagene Enzyklika: Der Vatikan und die Judenverfolgung*, München 1995.

35) シュタインとアビラの聖テレサとの関わりについては拙稿を参照。Kaori Suzawa, "Teresa von Avila – ein Meilenstein auf dem Weg zur Spiritualität Edith Steins", in: *Edith Stein Jahrbuch* 2, Würzburg 1995, 137-150.

36) Edith Stein, *Wie ich in den Kölner Karmel kam*, Würzburg 1994, 12.

37) Ebd.,12. シュタインはこの言葉を "das Eigentliche" と強調している。ここでシュタインが意味する「本質的」とは，ユダヤの民の上に置かれている十字架，ユダヤ人迫害の苦難を担うことであった。

38) Ebd., 14.

39) Teresia Renata de Spiritu Sancto (Posselt), *Edith Stein: Eine große Frau unseres Jahrhunderts*, 9. Aufl., Freiburg 1963, 180.

40) 1988年の列福の時の説教で教皇ヨハネ・パウロ二世はシュタインを「イスラエルの娘」と呼んでいる。拙稿を参照。Kaori Suzawa, "Edith Stein: Tochter Israels und Tochter des Karmels", in: *Christliche Innerlichkeit* 33/3-4, Wien 1998, 3-16.

41) この言葉はシュタインがヨハネス・ヒルシュマン（Johannes Baptist Hirschmann SJ, 1908-1981）に語った。シュタインはヒルシュマンのもとで死の前年，1941年9月に一週間の黙想をした。Vgl. Waltraut Herbstrith (hrsg.), *Edith Stein. Aus der Tiefe leben*, München 1988, 43; "Exerzitien von P. Hirschmann (3.IX.-11.IX.1941) ", in: GT II, 78-98.

42) 「神の僕は苦しみの人である」（イザヤ52,53章，エレミヤ8,11,15章他）はイエスに結びつけて理解される。

43) SBB II, 254.

44) SBB II, 254-5.

45) シュタインの十字架の霊性については拙稿「エディット・シュタインの神秘思想——十字架のヨハネ解釈をめぐって」，『中世思想研究』XLII，中世哲学会，2000年，127-139頁を参照。

46) "Hochzeit des Lammes", in: GT II, 139.

47) SBB II, 515; "Kreuzerhöhung – Ave Crux, Spes unica!", in: GT II, 118-122.

48) Ebd.,121-122.

49) SBB II, 373.

第９章　アビラのテレサとの霊的絆

1）“Liebe für Liebe. Leben und Werke der heiligen Teresa von Jesus”, ESGA 15, Freiburg im Breisgau 2008, 56.

2）『イエズスのテレジア自叙伝』女子カルメル会訳、中央出版社、1991 年。

3）『自叙伝』1，2。

4）『詩』9,『アビラの聖女テレサの詩』高橋テレサ訳，聖母の騎士社，1992 年，51 頁。

5）『自伝』40 章 4。引用箇所は日本語訳，英訳をもとに私訳した。『イエズスのテレジア自叙伝』女子カルメル会訳，中央出版社，1991 年。*The Book of Her Life. Collected Works of St. Teresa of Avila*, volume one, Washington D.C., 1987.

6）『自叙伝』11.9

7）前掲書　7.12

8）『創立記』5.2

9）1556 年，テレサはラレードの『シオン登攀』（*Subida del Monte Sion*）を読んだと言われている。

10）『自叙伝』23.12

11）『完徳への道』26.3

12）『霊魂の城』4.1-7

13）EES, 50.

14）Ebd., 22.

15）Ebd., 45.

16）詩 8,『アビラの聖テレサの詩』鈴木宣明監修，高橋テレサ訳，聖母の騎士社，1992 年。

17）Ebd., 137.

18）Ebd., 143.

19）Ebd., 137.

20）Ebd., 407.

21）Ebd., 407.

第 10 章　十字架のヨハネ解釈

1）*Kreuzeswissenschaft. Studie über Johannes vom Kreuz,* neu bearbeitet und eingeleitet von Ulrich Dobhan OCD (ESGA 18), Freiburg im

Breisgau 2003.

2） Teresia Renata de Spiritu Sancto (Posselt), *Edith Stein. Eine große Frau unseres Jahrhunderts,* Nürnberg 1957, 49.

3） シュタインはイエス・キリストを名指すとき「キリスト」という呼び名を用いる。アビラのテレサの場合は，人性を表す「イエス」という呼び方が圧倒的に多く，シュタインにとって，受難，十字架上の死のもつ贖罪的，救済的意味との関連で「キリスト」と呼ばれていると考えられる。

4） シュタインはキリスト教的現象学という言葉を直接的に用いていないが，キリスト教哲学と現象学的思惟との関わりについて言及している。Vgl. EES, 20, 33, 35.

5） Vgl. Kaori Suzawa, "Teresa von Avila - ein Meilenstein auf dem Weg zur Spiritualität Edith Steins", in: *Edith Stein Jahrbuch* 5, Würzburg 1999, 137-150.

6） Vgl. Teresia Renata de Spiritu Sancto (Posselt), *Edith Stein. Eine große Frau unseres Jahrhunderts,* Nürnberg 1957, 75.

7） KW, 5.

8） 「学問」（Wissenschaft）は学，学問，知識，科学などの豊かな含蓄をもつ言葉であるが，ラテン語では知識，知恵という意味に近いことをシュタインは指摘する。Vgl. EES, 23.

9） KW, 228.

10） KW, 14.

11） エドムント・フッサール『ヨーロッパ諸学の危機と超越論的現象学』細谷恒夫ほか訳，中央公論新書，1995 年。

12） Vgl. Edith Stein, "Edmund Husserl, Die Krisis der europäischen Wissenschaften und die transzendentale Phänomenologie", in: Edith Steins Werke VI, Louvain-Freiburg 1962, 35-38.

13） E・シュタイン『現象学からスコラ学へ』中山善樹訳，九州大学出版会，新装版，1996 年，77 ページ。

14） KW, 18.

15） KW, 6-7.

16） EES, 273.

17） KW, 6.

18） 「暗夜」についての記述は次のものを参照。『カルメル山登攀』奥

村一郎訳，ドン・ボスコ社，1969 年，『暗夜』山口カルメル会訳，ドン・ボスコ社，1987 年を参照。

19） ここでのエポケーの概念は特にフッサールの『イデーン I』の 30 − 33 章で論じられ，意識の対象との自然的関わりを根本的に変更する方法的懐疑の操作を意味する。フッサール『イデーン I』渡辺二郎訳，みすず書房，1979 年を参照。

20） Erich Przywara, “Edith Stein und Simone Weil”, in: Waltraud Herbstrith, *Edith Stein. Eine große Glaubenszeugin*, Annweiler 1986, 242.

21） EES, 35.

22） EES, 34.

23） KW, 38.

24） KW, 32-33.

25） Edith Stein, Beiträge zur philosophischen Begründung der Psychologie und der Geisteswissenschaften, in: *Jahrbuch für Philosophie und phänomenologische Forschung* 5, 43.

26） KW, 38-39.

27） Vgl. KW, 35-36.

28） この点に関して，ヨハネ研究家として知られるジャン・バリュジは，ヨハネの「暗夜」を「象徴」(symbole) として理解し，シュタインと意見を異にしている。Jean Baruzi, *Saint Jean de la Croix et le problème de l'expérience mystique*, Paris 1932, 322-329.

29） 『カルメル山登攀』I・5・2，II・6・4。

30） KW, 38-39.

31） KW, 39-41.

32） 『暗夜』II・21・8。

33） 前提書 I・10・4。

34） 前提書 III・11.7。

35） KW, 43.

36） KW, 45.

37） KW, 227.

第 11 章　アウシュヴィッツでの死とキリストへの道行き

1） “Komm, gehen wir für unser Volk!” この言葉はシュタイン姉妹がゲシュタポに連行される時を見ていたデルシング（Marike Delsing）の

証言によるものである。ここで「私たちの民」はユダヤ人をさすものと思われるが，シュタインは修道院長への遺書で「自分の命をユダヤの民とドイツ人のために捧げる」と述べていることから，彼女は「民」をユダヤ人とドイツ人の同胞として理解していた可能性もある。

2） Pietà, イタリア語で憐れみ，慈悲を意味し，十字架から降ろされたイエスを抱くマリア（聖母マリア）のさす言葉として用いられている。

3） Teresia Renata de Spiritu Sancto (Posselt), *Edith Stein. Eine große Frau unseres Jahrhunderts,* Nürnberg 1948, 214.

4） SBB II, 432.

5） シュタインの列聖に関する資料としては次書を参照。“Wandle den Weg dem Glanze zu. Dokumentation zur Heiligsprechung von Edith Stein am 11. Oktober 1998 in Rom”, Speyer 1999; *Edith Stein, Schwester Teresia Benedicta vom Kreuz. Dokumentation der Heiligsprechung*, Köln 1998.

6） Vgl. Donald Devine, “Fencing out Martyrs”, in: *The Washington Times*, December 6, 1998; Harry James Cargas (ed.), *The Unnecessary Problem of Edith Stein*, London 1994.

7） Vgl. SBB I, 254. シュタインはキリストと共に苦しむことは，キリストの救いのわざに参与することである，と述べている。シュタインにとってキリストの受難は，つねに救済的な視点で理解されている。

8） Vgl. Elisabeth Prégardier und Anne Mohr (hrsg.), *Passion im August (2.-9. August 1942)*, Annweiler 1995; Joachim Feldes, *Edith Stein und Schifferstadt*, Schifferstadt 1998. シファーシュタットにおいてシュタインと出会った人々に直接にインタヴューした教区司祭，Feldes は筆者にその情報を提供してくださった。

9） 1950 年にオランダの官報は，ヴェスターボルクから強制輸送されたユダヤ人のリストを公開した。そのリスト番号 34 に次のようにある。「番号 108796，エディット・テレジア・ヘードヴィッヒ・シュタイン，1942 年 8 月 9 日アウシュヴッツにて死亡。“Amtliche Todeserklärung von Edith Stein, s'-Gravenhage, 16.02.1950”, Edith-Stein-Archiv, Karmel Köln.

10） Teresia Renata de Spiritu Sancto (Posselt), *Edith Stein. Eine große Frau unseres Jahrhunderts,* Nürnberg 1948.

11） 列福調査の過程については，次書を参照。
Jakob Schlafke, *Edith Stein. Dokumente zu ihrem Leben und Sterben,* Köln 1980.

12） Vgl. “What a Perfect Day for a Miracle”, in: *Our Sunday Visitor*, May 11, 1997. http: //abcnews.go.com/2020/miracle-benedicta-mccarthy-survived-tylenol-overdose-prayer-sister/story?id=10251732

13） Vgl. Donald Devine, “Fencing out Martyrs in Faith”, *The Washington Times*, December 6, 1998; Zev Garber, “Jewish Perspectives on Edith Stein's Martyrdom”, in: Harry James Cargas (ed.), *The Unnecessary Problem of Edith Stein*, London 1994, 61-76. 拙論「エディット・シュタインとユダヤ人問題――列聖への歩み」,『キリスト教文化研究所年報』XX，ノートルダム清心女子大学キリスト教文化研究所，1998，57-76。拙論「アウシュヴィッツでの殉教――エディット・シュタインの列聖に向けて」『カルメル　今日の霊性』289号，跣足カルメル修道会，1998，36-48。

14） Jakob Schlafke, *Edith Stein. Dokumente zu ihrem Leben und Sterben*, Köln 1980, 30-31.

15） Vgl. Maria Amata Neyer, “Edith Stein”, in: *Treffpunkt*, Würzburg 1995, 66-67.

16） Testament, Edith-Stein-Archiv, Karmel Köln.

17） Joachim Feldes, *Edith Stein und Schifferstadt,* Schifferstadt 1998, 70-75; Valentin Fouquet, “Erklärung vom 25. Oktober über die Begegnung mit Schwester Benedicta auf dem Bahnhof Schifferstadt am 7. August 1942”, in: Elisabeth Prégardier und Anne Mohr (hrsg.), *Passion im August (2.-9. August 1942)*, Annweiler 1995, 105.

18） Valentin Fouquet, “Erklärung vom 25. Oktober 1953 über die Begegnung mit Schwester Benedicta auf dem Bahnhof Schifferstadt am 7. August 1942”, in: Elisabeth Prégardier und Anne Mohr (hrsg.), *Passion im August (2.-9. August 1942),* Annweiler 1995,105.

19） Pfarrer Ferdinand Meckes, “Erklärung vom 3. April 1984 über die Begegnung mit Schwester Benedicta im Bahnhof von Schifferstadt am 7. August 1942”, in: Prégardier und Anne Mohr (hrsg.), *Passion im August*, Annweiler 1995, 106-107.

20） Ebd.,72.

21） Ebd.,74.

22） Placida Laubhardt 宛ての手紙には次のものが残されている。Vgl. SBB I, 140-141, 158-159, 252-253.

23） SBB I, 65.

24） SBB II, 40.

25） 生前にプラチダ修道女 (Placida Laubhart) にインタヴューを取った Claudia Mariéle Wulf から情報提供を受けた。

26） Joachim Feldes, *Edith Stein und Schifferstadt*, 74; Bernhard Kukatzki, Schicksalsschwere Begegnung auf dem Bahnhof, in: *Die Rheinpfalz*, 25. September 1996.

さらにこの「メモ」に記されていた言葉の信憑性については，ヘルダー社より2000年から刊行されているエディット・シュタイン全著作集の編集に当たったゲール＝ファルコヴィッツは次のように述べている。1996年にフライブルクでセミナーを開催し，そこにプラチダ修道女を招きインタヴューしたところ，プラチダ修道女は自分がシュタインから受け取ったメモに記されていた言葉について明確に記憶していると述べた。

27） Teresia Renata de Spiritu Sancto (Posselt), *Edith Stein*, Nürnberg 1948, 261.

28） “Ich bin auf der Fahrt zum Osten”, ebd., 215.

29） Maria Adele Hermann OP, *Die Speyerer Jahre von Edith Stein*, Speyer 1990, 145.

30） Maria Amata Neyer, *Edith Stein. Ihr Leben in Dokumenten und Bildern*, Würzburg 1987, 78: “Wir sind auf der Fahrt nach Osten”; Andreas Uwe Müller und Maria Amata Neyer, *Edith Stein. Das Leben einer ungewöhnlichen Frau*, Düsseldorf 1998, 277: “In einem kurzen Gespräch teilt Edith Stein dem Bahnbeamten mit, daß man sie nach Osten bringe.”

31） “Morgen früh geht 1 Transport (Schlesien oder Tschechoslowakei??)”, SBB II, 584.

32） “Eine Scientia Crucis (Kreuzeswissenschaft) kann man nur gewinnen, wenn man das Kreuz gründlich zu spüren bekommt. Davon war ich vom 1. Augenblick an überzeugt und habe von Herzen: Ave, Cruz, spes unica! gesagt.” SBB II, 511.

33) Danuta Czech, *Auschwitz Chronicle 1939-1945*, New York 1997, 85; Yisrael Gutman and Michael Berenbaum (ed.), *Anatomy of the Auschwitz Death Camp*, Bloomington, Indianapolis 1994, 213; Eugen Kogon, Hermann Langbein u. a. (hrsg.), *Nationalsozialistische Massentötungen durch Giftgas: Eine Dokumentation*, Frankfurt a. M. 1983, 204.

34) Yisrael Gutman and Michael Berenbaum (ed.), *Anatomy of the Auschwitz Death Camp*, Bloomington, Indanapolis 1994, 213. *Nationalsozialistische Massentötungen durch Giftgas. Eine Dokumentation,* Frankfurt a. M. 1983, 204.

35) Vgl. Louis de Jong, *The Netherlands and Nazi Germany*, Cambridge-London 1990, 12, 13.

36) Ebd., 150.

37) Walter Laquer, *The Terrible Secret. Suppression of the Truth about Hitler's "Final Solution"*, London 1981, 40.

38) Maria Amata Neyer (hrsg.), *Wie ich in den Kölner Karmel kam*, Würzburg 1994, 132; Jakob Schlafke, *Edith Stein: Dokumente zu ihrem Leben und Sterben,* Köln 1980, 34; Ambrosius Eszer, "Edith Stein: Jewish Catholic Martyr", in: *Carmelite Studies* IV, Washington, D.C. 1987, 310-327.

39) *Encyclopedia of the Holocaust*, London 1990, 1275.

40) これは2000年11月14日付のリーグナー博士の筆者への手紙の内容である。リーグナー博士のご好意に感謝申し上げる。

41) この点をめぐってはスイスのル・パキエにあるカルメル会修道院長と，シュタインが生活していたオランダ・エヒトのカルメル会修道院長ならびにシュタインとの間に交わされた手紙を参照。Vgl. SBB II, 568-593.

42) シュタインはヴェスターボルク収容所で「ユダヤ人協会の人々はとりわけカトリックのユダヤ人に対してとても親切にしてくださっています」"Der Jüdische Rat war uns gegenüber sehr entgegenkommend, vor allem gegenüber den katholischen Juden" (*Passion im August*, 99) と語っていた。

43) Simon Schama, *The Netherlands and Nazi Germany*, London 1990, 12.

44) *Passion im August*, 97.

45) SBB II, 584.

46) "Ex oriente lux" については次の書物を参照。Walther Wolf, *Kulturgeschichte des Alten Ägypten*, Stuttgart 1977.

47) Regensburg-Rom 1910.

48) 7. Auflage, Regensburg-New York-Cincinnati 1887.

49) Paderborn-Bremen-Mainz-Osnabrück-Würzburg, Band 1, 1934; Band 2, 1936.

50) Ebd.

51) これはシュタインがケルンの修道院を離れた 2 年後に入会し，長年ケルン・カルメル会修道院長とエディット・シュタイン資料室長を兼務していたマリア・アマータ・ナイヤーの言による。

52) "… durch die innigste Barmherzigkeit unsers Gottes, in welcher uns heimgesucht hat der Aufgang aus der Höhe."

53) "durch unsers Gottes herzliches Erbarmen. Hat uns doch heimgesucht der Anfang aus der Höhe."

54) "… denn siehe, ich will meinen Knecht, den Sproß, kommen lassen."

55) "… denn siehe, ich will meinen Knecht kommen lassen, den Aufgang."

56) "Siehe, ein Mann, Sproß ist sein Name, unter ihm wird es sprossen, und er wird dem Herrn den Tempel bauen."

57) "Siehe, ein Mann (wird kommen), Aufgang ist sein Name."

58) "Siehe, ein Mann, Sproß ist sein Name!"

59) "Wer erweckte vom Aufgange her den Gerechten?"

60) シュタインは「クリスマスの神秘」というエッセイのなかで，公唱 (O-Antiphonen) についてふれ，O ではじまる公唱を次のように訳している。O Weisheit, O Adonai, O Wurzel Jesse, O Schlüssel Davids, O Morgenstern, O König aller Völker, O Emmanuel. Vgl. "Das Weihnachtsgeheimnis", in: *Edith Steins Werke* XII, Freiburg-Basel-Wien 1990, 197.

61) 1988 年の列福の時の説教のなかで，教皇ヨハネ・パウロ二世は，エディット・シュタインのことを「ユダヤの民の娘」「イスラエルの娘」と呼んでいる。このテーマに関する拙論を参照。Kaori Suzawa, "Edith Stein − Tochter Israels und Tochter des Karmels", in: *Christliche Innerlichkeit* 33/3-4, Wien 1998, 3-16.

62） SBB II, 338.
63） Teresia Renata Posselt, *Edith Stein*, Nürnberg 1957, 49.
64） KW, 16.
65） Ebd., 12.
66） SBB II, 511.
67） 拙論を参照。「エディット・シュタインの神秘思想——十字架のヨハネ解釈をめぐって」,『中世思想研究』XLII，中世哲学会編，2000年, 127-139頁。
68） Kaori Suzawa, “Teresa von Avila. Ein Meilenstein auf dem Weg zur Spiritualität Edith Steins”, in: *Edith Stein Jahrbuch* 2, Würzburg 1999, 137-150.
69） KW, 227.
70） Vgl. GT II, 111-112.
71） シュタインの十字架の聖ヨハネの死の叙述は，次の文献による。Bruno de Jesu Maria, *Saint Jean de la Croix*, Paris 1929, 361.
72） KW, 262-263.
73） Edith Stein, “Nächtliche Zwiesprache”, in: *Verborgenes Leben, Edith Steins Werke XI*, Freiburg-Basel-Wien 1987, 169.
74） 拙論を参照。Kaori Suzawa, “Unterwegs ad orientem: Das letzte Zeugnis Edith Steins”, in: Beate Beckmann und Hanna-Barbara Gerl-Falkovitz (hrsg.), *Edith Stein. Themen-Bezüge-Dokument*e, Würzburg 2003.
75） エドムント・フッサール『ヨーロッパ諸学の危機と超越論的現象学』細谷恒夫・木田元訳，中央公論社，1995年。
76） 前掲書，37頁。
77） Edith Stein, “Edmund Husserl, Die Krisis der europäischen Wissenschaften und die transzendentale Phänomenologie”, in: *Edith Steins Werke* VI, Louvain-Freiburg 1962, 36.
78） Edith Stein, “Nächtliche Zwiesprache”, in: *Verborgenes Leben, Edith Steins Werke XI*, Freiburg-Basel-Wien 1987, 169.
79） EES, 107.

主要参考文献

I　エディット・シュタインの著作

『エディット・シュタイン全集』全27巻，ドイツ，ヘルダー社刊行。
第1－4巻　自叙伝，手紙
第5－12巻　哲学的著作
第13－16巻　人間論，女性論，教育論に関する著作
第17－20巻　霊性，神秘主義に関する著作
第21－27巻　翻訳（ジョン・ヘンリー・ニューマン，トマス・アクィナス）

Edith Stein Gesamtausgabe (ESGA), Herder, Freiburg.
ESGA 1 Aus dem Leben einer jüdischen Familie und weitere autobiographische Beiträge (3. Aufl. 2010)
ESGA 2 Selbstbildnis in Briefen I (3. Aufl. 2010)
ESGA 3 Selbstbildnis in Briefen II (2. Aufl. 2006)
ESGA 4 Selbstbildnis in Briefen III – Briefe an Roman Ingarden (2. Aufl. 2005)
ESGA 5 Zum Problem der Einfühlung (2. Aufl. 2010)
ESGA 6 Beiträge zur philosophischen Begründung der Psychologie und der Geisteswissenschaften (2010)
ESGA 7 Eine Untersuchung über den Staat (2006)
ESGA 8 Einführung in die Philosophie (2. Aufl. 2010)
ESGA 9 Beiträge zur Phänomenologie und Ontologie (2014)
ESGA 10 Potenz und Akt – Studien zu einer Philosophie des Seins (2005)
ESGA 11/12 Endliches und ewiges Sein – Versuch eines Aufstiegs zum Sinn des Seins (2006)
ESGA 13 Die Frau - Fragestellungen und Reflexionen (4. Aufl. 2010)
ESGA 14 Der Aufbau der menschlichen Person – Vorlesung zur philosophischen Anthropologie (2. Aufl. 2010)

ESGA 15 Was ist der Mensch? –Theologische Anthropologie (2005)
ESGA 16 Bildung und Entfaltung der Individualität – Beiträge zum christlichen Erziehungsauftrag (2. Aufl. 2004)
ESGA 17 Wege der Gotteserkenntnis – Studie zu Dionysius Areopagita und Übersetzung seiner Werke (2. Aufl. 2007)
ESGA 18 Kreuzeswissenschaft – Studie über Johannes vom Kreuz (4. Aufl. 2013)
ESGA 19 Geistliche Texte I (2009)
ESGA 20 Geistliche Texte II (2007)
ESGA 21 John Henry Newman, Die Idee der Universität (2. Aufl. 2010)
ESGA 22 John Henry Newman, Briefe und Texte zur ersten Lebenshälfte (1801-1846) (2002)
ESGA 23 Thomas von Aquin, Über die Wahrheit I (2008)
ESGA 24 Thomas von Aquin, Über die Wahrheit II (2008)
ESGA 25 Alexandre Koyré, Descartes und die Scholastik (2005)
ESGA 26 Thomas von Aquin, Über das Seiende und das Wesen (2010)
ESGA 27 Miscellanea thomistica. Übersetzungen – Abbreviationen – Exzerpte aus Werken des Thomas von Aquin und der Forschungsliteratur (2014)

上記の『エディット・シュタイン全集』新版が刊行される以前，ヘルダー社より『エディット・シュタイン著作集』が出版された。これまでのエディット・シュタインに関する研究書はこの旧版によるものが多いため，ここに『エディット・シュタイン著作集』を列記する。

Kreuzeswissenschaft. Studie über Johannes a cruce, Freiburg, Werke/Band I, 1983.
Endliches und ewiges Sein. Versuch eines Aufstiegs zum Sinn des Seins, Freiburg, Werke/Band II, 1986.
(Übers.), Des hl. Thomas von Aquin Untersuchungen über die Wahrheit I, Freiburg, Werke/Band III, 1952.
(Übers.), Des hl. Thomas von Aquin Untersuchungen über die Wahrheit II, Freiburg, Werke/Band IV, 1955.
Die Frau. Ihre Aufgabe nach Natur und Gnade, Freiburg, Werke/Band V, 1959.

Welt und Person. Beitrag zum christlichen Wahrheitsstreben, Freiburg, Werke/Band VI, 1962.

Aus dem Leben einer jüdischen Familie, Freiburg, Werke/Band VII, 1985.

Selbstbildnis in Briefen I, Freiburg, Werke/Band VIII, 1976.

Selbstbildnis in Briefen II, Freiburg, Werke/Band IX, 1977.

Leuven Romaeus, Heil im Unheil. Das Leben Edith Steins: Reifen und Vollendung, Freiburg, Werke/Band X, 1983.

Verborgenes Leben. Essays, Meditationen, geistliche Texte, Freiburg, Werke/Band XI, 1987.

Ganzheitliches Leben. Schriften zur religiösen Bildung, Freiburg, Werke/Band XII, 1989.

Einführung in die Philosophie, Freiburg, Werke/Band XIII, 1991.

Briefe an Roman Ingarden, Freiburg, Werke/Band XIV, 1991.

Erkenntnis und Glaube, Freiburg, Werke/Band XV, 1993.

Stein Edith, Der Aufbau der menschlichen Person, Freiburg, Werke/Band XVI, 1994.

Was ist der Mensch?, Freiburg, Werke/Band XVII, 1994.

II　エディット・シュタインに関する文献

欧語著書（著者名アルファベト順）

シュタインに関する欧語文献目録としては，Edith Stein Jahrbuch 特集号がある。この文献目録は 513 ページに及ぶもので，1942 年～ 2012 年に出版されたシュタインに関する欧語文献（著書，論文）が年代順に列記されている。

Die Rezeption Edith Steins. Internationale Edith-Stein-Bibliographie 1942-2012, Sondernummer des Edith Stein Jahrbuchs, Würzburg 2012.

1994 年からはドイツ・カルメル会編集による Edith Stein Jahrbuch『エディット・シュタイン年報』）が Echter Verlag より発行されており，2014 年で第 20 号になる。

下記のリストは本書で参考にしたシュタインに関する文献著書である。

Beckmann, Beate, *Phänomenologie des religiösen Erlebnisses.*

Religionsphilosophische Überlegungen im Anschluß an Adolf Reinach und Edith Stein, Würzburg 2003.

Beckmann, Beate und Gerl-Falkovitz, Hanna-Barbara (hrsg.), *Edith Stein. Themen – Bezüge – Dokumente,* Würzburg 2003.

Bejas, Andrés, *Vom Seienden als solchem zum Sinn des Seins,* Frankfurt/M. 1994.

Betschart, Christof, *Christliche Philosophie nach Edith Stein. Aufgezeigt am Ort und Sinn der Trinitätstheologie, in; „Endliches und ewiges Sein* . Fribourg 2004.

Betschart, Christof, *Was ist Lebenskraft? Eine Auseinandersetzung mit Edith Steins Untersuchung „Psychische Kausalität"*, Rom 2008.

Böckel, Matthias, *Edith Stein und das Judentum*, Ramstein 1991.

Crvenka, Mario, *Weg zur Hingabe. Ein Lesebuch aus den Werken von Edith Stein*, Annweiler, 1995.

Elders, Leo, *Edith Stein. Leben – Philosophie – Vollendung,* Würzburg 1991.

Endres, Elisabeth, *Edith Stein. Christliche Philosophin und jüdische Märtyrerin*, München 1987.

Feldes, Joachim, *Auf den Spuren Edith Steins durch Köln*, Köln 2005.

Feldmann, Christian, *Edith Stein*. Freiburg 2002.

Fermin, Francisco Xavier Sancho, *Loslassen – Edith Steins Weg von der Philosophie zur karmelitischen Mystik*, Stuttgart 2007.

Florek, Zdzislaw, *Der mystische Läuterungsprozess – ein Weg in die Freiheit. Tiefenphänomenologie des Leidens nach Edith Stein*, Stuttgart 2004.

Gerl-Falkovitz, Hanna-Barbara, *Unerbittliches Licht. Edith Stein: Philosophie, Mystik, Leben*, Mainz 1991.

Giovanni Paolo II, *Canonizzazione della Beata Teresa Benedetta della Croce, Edith Stein*, Roma 1998.

Haderlein, Cordula, *Individuelles Mensch-Sein in Freiheit und Verantwortung. Die Bildungsidee Edith Steins,* Bamberg 2009.

Hecker, Herbert, *Phänomenologie des Christlichen bei Edith Stein*, Würzburg 1995.

Herbstrith, Waltraud, *Edith Stein. Jüdin und Christin*, München 2004.

Herbstrith, Waltraud, *Das wahre Gesicht Edith Steins*, Aschaffenburg, 1987.

Herbstrith, Waltraud, *Denken im Dialog. Zur Philosophie Edith Steins*, Tübingen 1991.

Herbstrith, Waltraud, *Edith Stein. Wege zur inneren Stille*, Aschaffenburg 1987.

Herrmann, Maria Adele, *Edith Stein. Ihre Jahre in Speyer*, Illertissen 2012.

Huppertz, Norbert, *Der Brief der hl. Edith Stein. Von der Phänomenologie zur Hermeneutik*, Oberried bei Freiburg im Breisgau 2010.

Imhof, Beat, *Edith Steins philosophische Entwicklung,* Basel 1987.

Kempner, Robert, *Edith Stein und Anne Frank*, Freiburg 1968.

Knaup, Marcus, *Begegnung mit Edith Stein. Fragen und Antworten zu aktuellen kirchlich-gesellschaftlichen Themen*, Oberried bei Freiburg 2011.

Köder, Daniela, *Daß keiner von ihnen verloren gehe: Zur Spiritualität der stellvertretenden Sühne bei Edith Stein*, Saarbrücken 2012.

Lammers, Elisabeth, *Als die Zukunft noch offen war. Edith Stein – das entscheidende Jahr in Münster,* Münster 2003.

Mohr, Anne und Prégardier, Elisabeth, *Passion im August*, Annweiler 1995.

Moossen, Inge, *Das unselige Leben der "seligen" Edith Stein – Eine dokumentarische Biographie*, Haag 1987.

Müller, Andreas Uwe und Neyer, Maria Amata, *Edith Stein – das Leben einer ungewöhnlichen Frau,* Düsseldorf 2002.

Müller, Andreas Uwe, *Grundzüge der Religionsphilosophie Edith Steins*, Freiburg-München 1993.

Neyer, Maria Amata, *Meister des Weges – Edith Stein. Gestalt, Begegnung, Gebet*, Freiburg 1994.

Otto, Elisabeth, *Welt, Person, Gott – Grundlage der Mystik bei Edith Stein*, München 1990.

Posselt, Teresia Renata de Spiritu Sancto, *Edith Stein. Eine große Frau unseres Jahrhunderts,* Nürnberg 1950.

Reifenrath, Bruno, *Erziehung im Lichte des Ewigen – die Pädagogik Edith Steins,* Frankfurt/M. 1985.

Rieß, Wolfgang, *Der Weg vom Ich zum Anderen – Die philosophische Begründung einer Theorie von Individuum, Gemeinschaft und Staat bei Edith Stein,* Dresden 2007.

Schulz, Peter, *Edith Steins Theorie der Person*, Freiburg 1994
Secretan, Philibert, *Erkenntnis und Aufstieg. Einführung in die Philosophie von Edith Stein,* Würzburg 1992.
Tommasi, Francesco, *L'analogia della persona in Edith Stein,* Pisa-Roma 2012.
Urban, Bernd, *Edith Stein und die Literatur. Lektüren, Rezeptionen, Wirkungen* (Bd. 19 der Reihe *Ursprünge des Philosophierens)*, Stuttgart 2010.
Westerhorstmann, Katharina, *Selbstverwirklichung und Pro-Existenz. Frausein in Arbeit und Beruf bei Edith Stein*, Paderborn 2004.
Wimmer, Reiner, *Vier jüdische Philosophinnen: Rosa Luxemburg, Simone Weil, Edith Stein, Hannah Arendt,* Leipzig 1999.
Wulf, Claudia Mariéle, *Freiheit und Grenze: Edith Steins Anthropologie und ihre erkenntnistheoretischen Implikationen. Eine kontextuelle Darstellung,* Schönstatt 2005.

邦語著作（刊行順）

ジョン・エスタライヒャー『崩れゆく壁――キリストを発見した七人のユダヤ人哲学者』稲垣良典訳，春秋社，1969年。

エディット・シュタイン『現象学からスコラ学へ』中山善樹編訳，九州大学出版会，1986年。

マリア・アマータ・ナイヤー『エーディット・シュタイン　記録と写真に見えるその生涯』マリア・マグダレーナ・中松訳，エンデルレ書店，1992年。

須沢かおり『エディット・シュタイン　愛と真理の炎』新世社，1997年（第二版）。

エーディト・シュタイン『国家研究』道躰章弘訳，水声社，1997年。

鈴木宣明『エディト・シュタイン　愛のために』聖母の騎士社，1999年。

コンラッド・ド・メーステル『エディット・シュタイン　小伝と手記』福岡カルメル会・西宮カルメル会訳，女子パウロ会，1999年。

須沢かおり『愛のおもむくままに　エディット・シュタインの女性像』新世社，1999年。

ジョン・サリバン編『聖なる住まいにふさわしい人――エディット・

シュタイン列聖のドキュメント』木鎌耕一郎訳，聖母の騎士社，2004 年。

シルヴィ・クルティーヌ＝ドゥナミ『暗い時代の三人の女性――エディット・シュタイン，ハンナ・アーレント，シモーヌ・ヴェイユ』庭田茂吉・沼田千恵・冨岡基子・西田充穂・服部敬弘訳，晃洋書房，2010 年。

＊　邦語文献におけるシュタインの名前は，エディット，エーディト，エディトの記載があるが，本書では『現象学事典』(弘文堂)，『岩波キリスト教辞典』に記載されている「エディット」を用いた。ドイツ語ではエーディトが最も近いが，日本語では発音し易さとなじみ易さから，今後「エディット・シュタイン」で定着するものと思われる。